AUTISMO

Matías Cadaveira
Claudio Waisburg

AUTISMO

Guía para padres
y profesionales

Obra editada en colaboración con Editorial Paidós SAICF - Argentina

Diseño de portada: Gustavo Macri
Imágenes de interiores: Alan Stupnik
Edición: Cecilia Legarralde

© 2014, Matías Emanuel Cadaveira y Claudio Gabriel Waisburg
De la presente edición:
© 2014, Editorial Planeta, SAICF – Buenos Aires, Argentina

Derechos reservados

© 2015, Ediciones Culturales Paidós, S.A de C.V.
Bajo el sello editorial PAIDÓS M.R.
Avenida Presidente Masarik núm. 111, Piso 2
Colonia Polanco V Sección
Deleg. Miguel Hidalgo
C.P. 11560, México, D.F.
www.planetadelibros.com.mx
www.paidos.com.mx

Primera edición impresa en Argentina: junio de 2014
ISBN: 978-950-12-4839-5

Primera edición impresa en México: mayo de 2015
ISBN: 978-607-8406-78-4

Impreso en los talleres de EDAMSA Impresiones, S.A. de C.V.
Av. Hidalgo núm. 111, Col. Fracc. San Nicolás Tolentino, México, D.F.
Impreso en México – *Printed in Mexico*

ÍNDICE

A mis ahijados, Selene y Lorenzo.
Lic. Matías Cadaveira

A Dalina y mis tesoros, Tomás, Martín y Natalie.
Dr. Claudio Waisburg

AGRADECIMIENTOS

A Alejandro Gorenstein y a Cecilia Legarralde, por su asistencia, ideas y confianza, como así también por sus opiniones, generosidad y esmero en el cuidado de los textos, por escucharnos y ser nuestros editores. Sin ellos, este libro no hubiera sido posible.

A Emilce Paz, por su compañía y paciencia, siempre receptiva a nuestras inquietudes.

A mis padres Lidia y Jorge, a mis hermanas Soledad, Laura y Natasha y a mi hermano Cristian, testigos silenciosos y pacientes de mi obstinada dedicación al autismo, en este caso extensible también a la escritura. A mi prima del corazón Cynthia Suárez, quien, con su ayuda desinteresada, me abrió nuevos caminos. A todos ellos, mi gratitud eterna.

A la Lic. Pía Espoueys, maestra, mentora y amiga, por haber creído en mí, ser mi guía, por querer compartir conmigo su experiencia y talento, y por haberse tomado el trabajo de leer de este libro y haber tenido la generosidad y buena voluntad de opinar al respecto.

A mis amigos, por sus demostraciones de cariño y aliento para mi trabajo y para escribir este libro, a pesar de que muchas veces haya interferido en nuestros encuentros sociales. En particular a Juani, Pau, Iva, Pao, Joni y Vicky, y muy especialmente a Pablo, cuya ayuda a lo largo de este escrito fue muy importante. Porque cada uno de ellos dedicó tiempo a escuchar y a leer los problemas que se me fueron suscitando, me ayudaron a corregir mis errores y propusieron enunciados y soluciones alternativas. Me honra decir que son mis amigos, mis compañeros. Los quiero y los necesito.

Al Dr. Claudio Waisburg, a la Dra. Nora Grañana, a la Mgter. Lic. María Rosa Nico, al Dr. Miguel Ángel García Coto y a la Lic. Gabriela Grinbaum, por el espíritu de servicio de todos ellos , sus compromisos para con el desarrollo de los niños y las familias y por ser grandes maestros, consejeros y amigos.

A los profesionales de la salud y la educación que me acompañan en TerapéuticaMente y Eureka, sobre todo a mis socias Wanda, Karina, Carola, Celina, Carolina, y también a Romina. Mi gratitud por la confianza que me tienen.

A Alan Stupnik, por sus hermosas ilustraciones.

A todos los padres de la Asociación Asperger Argentina, por confiar en mí y elegirme para que los acompañe en cada gran paso que fueron dando para ser hoy lo que son. Muy especialmente a María Eugenia y a Eduardo.

A la Fundación Mensajes del Alma por haberme abierto sus puertas y haberme permitido comenzar allí este camino. A Gerardo, Alejandra y sus hijos, como así también a cada uno de los pacientes y familias que atendí en dicho espacio terapéutico.

Como siempre, a todas las familias que accedieron a compartir sus experiencias de vida con nosotros. A aquellas cuyas historias fueron seleccionadas y se describen en este libro, y a las que no, pero cuyos aportes contribuyeron al resultado final. Sentir el respeto y el afecto con el que me tratan no tiene precio.

Y por supuesto, no puedo dejar de agradecer a mis pacientes, los de ayer, los de hoy y los de mañana, cuyas historias y su invitación a que yo pueda compartirlas son la fuente y la razón del trabajo que realizo a diario y de lo que aquí se expresa.

Agradezco por todo lo que he recibido y por todo lo que aún está por llegar.

LIC. MATÍAS CADAVEIRA

A mi querida y amada esposa Dalina, compañera de ruta, fundamental piedra y apoyo de este proyecto desde un inicio. Ella sobrevive a este sacrificado desafío con amor, comprensión y tolerancia. ¡Gracias! Te amo.

A mis amados hijos Tomy, Martín y Natalie, quienes me bancan con tantas ausencias, llegadas tarde, siempre con buen humor y dando lo mejor de ellos. ¡Son lo más!

A la memoria de mi madre Guila Waisburg, quien siempre nos enseña, acompaña y apoya desde algún lugar.

A mi padre, el profesor Dr. Héctor A. Waisburg, maestro, guía en la vida y en la profesión, a quien le agradezco todo lo que siempre me enseñó a través del ejemplo.

A mis queridos hermanos Gery, Adri y Fito; siempre presentes, unidos, cada uno desde su lugar vivieron conmigo todos los pasos de esta apasionada vocación, apoyando siempre que se los necesitó.

A Santiago y Elena, siempre presentes acompañando incondicionalmente.

Al Dr. Facundo Manes, quien confió incondicionalmente en mí, apoyando y estimulando mi regreso de Canadá desde un inicio, abriéndome las puertas de las neurociencias infantojuveniles.

A los colegas médicos y licenciados/as de Ineco y del Instituto de Neurociencias de la Fundación Favaloro, que nutren cotidianamente el trabajo, la colaboración y la investigación científica multi- e interdisciplinaria.

Al Lic. Matías Cadaveira, quien pone en cada paso que da una exhaustiva vocación de trabajo y profesionalismo.

A todos los profesionales médicos y no médicos en Argentina y en Vancouver, Canadá, que contribuyeron a mi formación y me enseñaron y nutrieron.

A mis amigos de la vida, por el apoyo de siempre.

A todos los pacientes y sus familias, que nos enseñan día a día y a través del tiempo: sin ellos la experiencia no podría haber sido volcada en este libro.

DR. CLAUDIO WAISBURG

PRÓLOGO

El autismo es un trastorno del desarrollo que impacta esencialmente en tres áreas: la comunicación, la socialización y la conducta. Los Trastornos del Espectro Autista (TEA) están referidos a diferentes cuadros clínicos ligados a dificultades sociocomunicacionales y conductas repetitivas, y se diferencian entre sí por la severidad de los síntomas, el coeficiente intelectual y la adquisición del lenguaje. Aproximadamente 1 de cada 88 niños tiene alguno de estos trastornos. La causa todavía es desconocida y en la actualidad no existe cura ni prevención posible, pero se puede hacer mucho por los niños diagnosticados con TEA y sus familiares. Los programas de tratamiento integrales y planificados de forma individualizada –que destaquen las fortalezas, ayuden a contrarrestar las debilidades de cada niño y que involucren a padres, profesionales de la salud, escuelas y maestros– ayudan a reducir de manera considerable muchas de las dificultades experimentadas por la persona con autismo y, además, logran mejorar la calidad de vida de la familia. Con la asistencia y el apoyo adecuados, el niño con este trastorno puede aprender a comunicarse mediante sistemas verbales, gestuales o visuales y desarrollar muchas de las habilidades sociales necesarias para la vida diaria. Las personas que participan en el apoyo a pacientes con autismo necesitan comprender cómo utilizar las estrategias adecuadas para ayudar a superar las dificultades que encuentran estos niños en situaciones cotidianas.

Sin un diagnóstico, alguien con TEA no puede recibir la intervención especializada y la educación que se necesitan para aprovechar al máximo sus habilidades o para desarrollarlas. Como sucede con otras patologías, cuanto antes se realice la intervención, mayores serán las posibilidades de que el niño y su familia reciban la ayuda y el apoyo adecuados.

Autismo. Guía para padres y profesionales ofrece más de doscientas páginas de apertura al diálogo acerca de los TEA: de lo que se ha estudiado y confirmado, y de lo que aún sigue en investigación. También nos permite una concientización honesta acerca de un nuevo modo de ver, sentir, pensar y procesar los estímulos de este mundo; y nos habla ya no solo de la necesidad de trabajar con la teoría de la mente de nuestro colectivo (personas con TEA o Síndrome de Asperger [SA]), sino sobre la "doble empatía", de que haya un ida y vuelta constante que permita ponerse en el lugar del otro a la hora de educar, de abordar un tratamiento o de trabajar la inclusión en el colegio, la familia y el grupo de pares.

Para mí representa un gran honor participar de esta manera del libro escrito por Claudio Waisburg y Matías Cadaveira. Por el valor de sus autores y porque se trata de una excelente guía que viene a llenar un espacio que permanecía vacío y que tiene el mérito de estar escrita por profesionales expertos. Puedo prever que será un gran "consejero" para los padres, familiares e incluso profesionales de la salud que necesiten adentrarse en el laberinto del cuidado de los pacientes con autismo. Además, este libro tiene otra cualidad fundamental: propone una mirada de avanzada pero no concluye, no determina, no pone techos, sino que ofrece una mirada positiva y les da a los padres y educadores distintos consejos para seguir propiciando desarrollos óptimos y así mejorar la calidad de vida tanto de niños, adolescentes y adultos con TEA como de sus seres queridos y de los profesionales que lo acompañan.

Luego de leer *Autismo. Guía para padres y profesionales*, sin dudas nos quedará una idea acabada acerca de lo que son los Trastornos del Espectro Autista y de lo que implican.

En la medida en que comprendamos más qué es el autismo podremos lograr una mayor integración social, con mayor tolerancia y sin prejuicios. Las comunidades tienen, por cierto, ese fin de corresponder a los individuos unos con otros para que todos puedan potenciar sus habilidades y superar las dificultades. Justamente de eso, también, se trata este libro.

FACUNDO MANES
Ph. D. en Ciencias, Cambridge University
Rector de la Universidad Favaloro
Presidente de la Fundación INECO para la investigación en neurociencias y director del Instituto de Neurociencias de la Fundación Favaloro
Presidente del Grupo de Investigación en Afasia, Demencia y Trastornos Cognitivos de la World Federation of Neurology

PRÓLOGO

A lo largo de todos estos años, he podido ver cómo ha aumentado la población de personas diagnosticadas con trastornos del espectro autista (TEA), se han formado terapeutas, asociaciones, centros terapéuticos y se ha dado a conocer el autismo en los medios y en la sociedad.

Tener información, inevitablemente, nos hace mejorar día a día nuestro trabajo, colabora para que las familias comprendan y obtengan herramientas para poder educar mejor a sus hijos, y también ayuda a que la sociedad sea más comprensiva y esté mejor dispuesta a la integración de personas con una discapacidad "no visible". Una discapacidad física o "visible" posiciona a la sociedad en un lugar más claro en cuanto a sensibilidad, respeto, comprensión y ayuda. Las personas con autismo aparentan ser "normales" en su aspecto, pero con "actitudes sociales" muy llamativas e ininteligibles, que ubican a las familias en un lugar constante de culpa, vergüenza e incomprensión, por lo que libros como este son de gran importancia para entender la naturaleza de este tipo de trastornos, y su magnitud e impacto en la vida familiar, escolar y social.

En este libro los autores nos proveen de información actualizada, precisa y con un lenguaje simple de asimilar para la mayoría de los lectores, a la vez que destacan la importancia de conocer a la persona por encima de la patología.

El texto comienza con una presentación conceptual de los trastornos del espectro autista, su historia, las características, las causas para sumergirse en su tratamiento, detallando programas terapéuticos, objetivos y técnicas de trabajo que ayudarán al lector a mejorar su práctica diaria desde el lugar en que se encuentre. Herramientas para el ámbito escolar y familiar, así como para la intervención de conductas socialmente inapropiadas, métodos aumentativos de comunicación, pautas para el desarrollo de habilidades sociales, entre otras, son explicadas de forma detallada, práctica y visualmente claras. Escalas de evaluación y guías de fácil aplicación también forman parte de este exhaustivo trabajo.

Por último, con un alto grado de sensibilidad y apertura los autores se sumergen en el contexto familiar de las personas con autismo para darnos su visión desde adentro con testimonios reales, sinceros y llenos de amor.

El lector descubrirá este apasionante mundo del autismo y tendrá una idea clara de cómo viven, piensan y sienten las personas que poseen este diagnóstico. Asimismo, podrá apelar a estas herramientas tal como los autores las sugieren o estableciendo las variantes que él crea necesarias.

En mi opinión, este libro es de suma utilidad para familias, profesionales, organizaciones e instituciones debido a que ofrece una idea acabada de los trastornos del espectro autista y brinda un amplio bagaje de técnicas que favorecerán el diseño de tratamientos personalizados, es decir, "a medida" de cada uno de nuestros pacientes o hijos, para que puedan transitar esta vida aprendiendo y disfrutando con sus seres queridos como todos nos lo merecemos.

LIC. MARÍA PÍA ESPOUEYS

INTRODUCCIÓN

Aceptamos gustosos la tarea de escribir este libro, ya que consideramos muy interesante la idea de divulgar un tema de gran interés científico y humano como el autismo.

Hacer un libro sobre autismo equivale a preguntarse por la realidad, rever el pasado, aquello que ya fue escrito, repensar, deconstruir, abrir nuevos sentidos a lo que sin querer habíamos dado por finito, repreguntarnos qué son los trastornos del espectro autista y qué mirada se elige para intentar comprenderlos.

Hay quienes dirigen la mirada solo hacia el déficit, las fallas o la carencia. Nosotros proponemos descubrir los recursos, las fortalezas, las habilidades y las competencias que tienen cada una de las personas diagnosticadas con trastorno del espectro autista (TEA), tesoros que se acumulan y que muchas veces no son valorados y se desestiman. Muchos recursos quedan incluso sin estrenar por poner el énfasis en lo que no hay, en lo que falta, en aquello que no se está desarrollando como en realidad esperábamos (lo cual no implica que no se esté desarrollando de otra manera o de forma más lenta).

Con la idea de compartir experiencias, y de seguir prestando servicios para las personas con autismo, *Autismo. Guía para padres y profesionales* nace para dar respuesta a la demanda de información sobre los trastornos del espectro autista que nos plantean las familias y los profesionales que tratan con nuestro colectivo, en su mayoría niños y niñas en los primeros años de la etapa escolar.

Esta demanda se está haciendo cada día más visible, hecho que puede estar relacionado con el aumento de los casos diagnosticados con TEA. En la actualidad, se acepta una prevalencia de un caso de TEA cada cincuenta nacimientos, según se desprende de estudios recientes realizados en los Estados Unidos.

Es duro leer estos números, que crecen año tras año. Pero también es necesario conocer estos datos que nos permiten ver la realidad actual de los TEA y tener referencias objetivas, para responder al presente y proyectar el futuro. Solo enfrentarnos con la verdad genera confianza, nos abre al diálogo y nos compromete a una verdadera comprensión del autismo, para así seguir diseñando nuevos métodos diagnósticos y tratamientos más eficaces.

Las consultas que atendemos a diario suelen estar dirigidas a conseguir una respuesta a cuestiones tales como: ¿Qué le pasa a mi hija/o que no juega correctamente, que no habla como los demás niños, que despliega una serie de conductas que como padres no entendemos? ¿Por qué le sucede esto? ¿Qué puedo hacer para ayudarla/o? O cuestiones del tipo: ¿Quién nos puede ayudar? ¿Cuál es el mejor tratamiento?

La angustia de los padres preocupados porque su hijo presenta un desarrollo atípico junto con la situación de verse todos los días obligados a buscar aquello que sus hijos necesitan les provoca a las familias un desgaste psicológico y físico que es necesario paliar. Atender, tratar y trabajar por y hacia un diagnóstico acertado y temprano, y asegurarles a las personas con TEA el mejor tratamiento para cada una de ellas y sus familias, con el único fin de promover su desarrollo, bienestar y seguridad emocional, son los objetivos en común que tenemos profesionales, padres e instituciones dedicadas al autismo.

Por eso este libro está dirigido a todos aquellos padres y profesionales que conviven día a día con personas con autismo, a aquellos que no se cansan de aprender, de descubrir y de poner en práctica herramientas que, de alguna manera, puedan promover un desarrollo pleno, así como mejorar y facilitar también la calidad de vida de estas personas y sus familias.

Los casos descritos son reales, solo se han cambiado algunos nombres para preservar la identidad de las personas involucradas. Cualquier similitud con otros casos se debe a una mera coincidencia.

Autismo. Guía para padres y profesionales intenta realizar una aproximación silenciosa y honesta sobre un diagnóstico que empieza siendo íntimo de las familias y termina expresando realidades únicas y tan diversas que exceden este libro, o cualquier otro que se haya escrito o se vaya a escribir sobre el tema. El autismo nos enfrenta con un desafío como sociedad, ya que nos convoca a seguir avanzando, investigando, redescubriendo y comprendiendo los TEA.

Aprender a convivir con otros desde la neurodiversidad e inclusión exige una transformación a escala mundial, una nueva manera de entender a los demás y de vincularse con ellos. Por eso, la investigación, los espacios de reflexión, el diálogo permanente con verdadera escucha y respeto hacia quien opina de manera distinta sobre el autismo permitirán sentar las bases para construir una sociedad más abierta, menos prejuiciosa, más justa y fraterna.

Es necesario que seamos capaces no solo de enseñar la empatía, sino también de manifestarla en relación con todo a lo que nos enfrentan las personas con alguna condición del espectro autista, poniéndonos en su lugar, para comprender su realidad, sus fortalezas y necesidades, y así permitir la detección precoz y el tratamiento adecuado para sus dificultades.

Esta nueva mirada exige a las familias, a los profesionales, a las escuelas en su totalidad, a los centros educativos terapéuticos, a los hospitales, a las instituciones y a la sociedad en general una revisión crítica de sus pensamientos y quehaceres, con el fin de identificar qué es posible hacer desde el lugar de cada uno para alcanzar nuevos aprendizajes, la apertura de puertas que hasta ahora, por miedo o desconocimiento, no se abrían en su totalidad, y así poder lograr la participación de todos.

Por todo esto, y tras realizar una revisión teórica de la bibliografía existente y percatarnos de la falta de materiales teóricos y prácticos accesibles, considerábamos necesaria la creación de este libro a modo de guía de referencia orientada a las familias y a los profesionales para abordar los trastornos del espectro autista en niños, niñas, adolescentes y adultos.

Con la presentación de este libro, esperamos contribuir al análisis crítico, aunque sensible, reflexivo y positivo, en torno a la teoría y la práctica clínica en autismo. Los invitamos a explorar un universo desconocido, y decimos "desconocido" porque, cuanto más conocemos los autismos, más enigmas nos plantean.

Capítulo 1

UN POCO DE HISTORIA

El mundo de la luna… explorarlo con atención. Para entender a nuestro pequeño hombre, hay que sentarse, mirar y no hacer caso a sus gestos retraídos, sino llevarlo a intentar probar un poco de nuestro mundo. Tenemos que ser pacientes para conseguir atrapar la luna con un hilo de oro y atraerla hasta nuestro viejo planeta. ¿Hasta qué punto este hermanito vendrá a nuestro encuentro? ¿Hasta qué punto podremos ir a su encuentro?

FRED PHILIBERT, *MI HERMANITO DE LA LUNA*

Antes de profundizar sobre los trastornos del espectro autista, será importante que repasemos brevemente la historia del autismo, ya que mirando el pasado podremos comprender mejor su naturaleza.

Breve reseña histórica. Definición y origen

Etimológicamente, el término "autismo" tiene su origen en el griego. La raíz es la palabra griega *auto*, de *autos*, que significa "propio, uno mismo". El significado de la palabra sería, entonces, "meterse en uno mismo", "ensimismarse".

La palabra "autismo" fue utilizada por primera vez por el psiquiatra suizo Paul Eugen Bleuler (1857-1939) en un tomo del *American Journal of Insanity*, en 1912. Bleuler introdujo este término para referirse a una alteración, propia de la esquizofrenia (otro término acuñado por él), que implicaba un alejamiento de la realidad externa. "Cabría describir dicha limitación como un apartamiento de la vida social para sumergirse en uno mismo" (Frith, 2003).

Bleuler, profundamente interesado en la esquizofrenia, utilizó el significado inicial para referirse a la marcada tendencia de los pacientes esquizofrénicos a vivir encerrados en sí mismos, aislados del mundo emocional exterior.

La clasificación médica del autismo no ocurrió hasta 1943, cuando el psiquiatra austríaco Leo Kanner (1896-1981) estudió a un grupo de once niños e introdujo la caracterización de *autismo infantil temprano*. Aquellos niños presentaban dificultades para acciones recíprocas sociales y para la adaptación a los cambios en rutinas, buena memoria, sensibilidad a los estímulos, ecolalia y problemas para realizar actividades espontáneas.

Es así como Kanner tomó el término "autismo" para referirse a la incapacidad de un grupo de niños para establecer relaciones sociales, entre otras características ya mencionadas.

No podemos dejar de nombrar, en esta breve historia del autismo, al médico vienés Hans Asperger (1906-1980), quien, pocos meses después del artículo de Kanner y con independencia de este, utilizó coincidentemente la expresión "psicopatía autista" en niños que presentaban características similares.

Las interpretaciones del comportamiento de los grupos observados por Kanner y Asperger fueron distintas. El primero reportó que tres de los once niños no hablaban y los demás no utilizaban las capacidades lingüísticas que poseían. También notó en ellos un comportamiento autoestimulatorio y "extraños" movimientos. Por su lado, Asperger observó, más bien, sus intereses intensos e inusuales, la repetitividad de sus rutinas y su apego a ciertos objetos, lo cual era muy diferente del autismo de alto rendimiento, ya que en el experimento de Asperger todos hablaban. Indicó que algunos de estos niños lo hacían como "pequeños profesores" acerca de su área de interés, y propuso la teoría de que, para tener éxito en las ciencias y el arte, un poco de autismo puede ser útil.

Aunque tanto Hans Asperger como Leo Kanner posiblemente observaron la misma condición, sus diferentes interpretaciones llevaron a la formulación del síndrome de Asperger (SA) –expresión utilizada por Lorna Wing en una publicación en 1981, cuando tradujo las publicaciones originales–, si bien en la actualidad ya no se lo incluye dentro de los criterios diagnósticos del DSM-V. Vale aclarar que el *Diagnostic and Statistical Manual of Mental Disorders* (*Manual diagnóstico y estadístico de los trastornos mentales*) es la clasificación psiquiátrica de mayor reconocimiento y proyección mundial –llamada actualmente DSM-V– de la Asociación Americana de Psiquiatría (APA). DSM es el manual utilizado por los médicos e investigadores para diagnosticar y clasificar los trastornos mentales.

La APA publicó el DSM-V en 2013, culminando un proceso de revisión luego de catorce años. La numeración que le sigue a cada DSM se debe a que cada ciertos años se ha ido actualizando, ampliando, y se han retirado o agregado trastornos según se ha avanzado en el conocimiento médico y científico. El DSM-V ha sido motivo de controversias desde su creación, por eso creemos que merece un apartado especial en otro capítulo.

En conclusión, siempre han existido niños con autismo; el mérito de Kanner fue encontrar una serie de características comunes que lo elevaron al nivel de síndrome.

HISTORIA DE LAS DISTINTAS CLASIFICACIONES

Luego de Bleuler, Kanner y Asperger, la APA, con sus DSM-I (*Manual diagnóstico y estadístico de los trastornos mentales I*) (APA, 1952) y DSM-II (APA, 1968), comienza lo que ha sido una fuente de confusión muy negativa entre autismo y psicosis, de forma que "las reacciones psicóticas en niños, manifestando primariamente autismo" fueron clasificadas bajo la definición de "esquizofrenia o reacción esquizofrénica, tipo infantil". En la década de los setenta, los criterios diagnósticos de autismo como una categoría diferente de la psicosis o esquizofrenia son descritos por primera vez por Ritvo y Freeman (1978) y Rutter (1972).

La expresión "trastorno generalizado del desarrollo", más conocido como TGD, fue usada por primera vez en el DSM-III (APA, 1980) para describir trastornos caracterizados por alteraciones en el desarrollo de múltiples funciones psicológicas básicas implicadas en el desarrollo de las habilidades sociales y el lenguaje, tales como atención, percepción, conciencia de la realidad y movimientos motores. Dentro de los TGD, distinguía el autismo infantil (con inicio antes de los 30 meses de vida), el trastorno generalizado del desarrollo, de inicio en la infancia (después de los 30 meses), cada uno de ellos con dos variantes ("síndrome completo presente" o "tipo residual"); y un tercer tipo, el TGD atípico. La principal aportación del DSM-III fue diferenciar definitivamente el autismo de los trastornos psicóticos hasta el punto de que la ausencia de síntomas de este tipo devino en uno de sus criterios diagnósticos.

El revisado DSM-III-R (APA, 1987) acotó el espectro de los TGD y estrechó los posibles diagnósticos a dos: trastorno autista y trastorno generalizado del desarrollo no especificado (TGD-NE). Los actuales trastornos del espectro autista (TEA) también se conocen con el nombre de trastornos generalizados del desarrollo (TGD), y así se los mencionaba en las clasificaciones diagnósticas internacionales (DSM-IV-TR y CIE-10).[1] Comprendían las siguientes entidades:

- Trastorno autista.
- Trastorno de Asperger.
- Trastorno desintegrativo infantil.
- Trastorno de Rett.
- Trastorno generalizado del desarrollo no especificado.

Desde finales de la década de los ochenta, se habla del autismo como un continuo. El psicólogo Ángel Rivière (1949-2000) elaboró con mayor profundidad el concepto de espectro autista y la consideración del autismo como un continuo de diferentes dimensiones, y no como una categoría única. Según Rivière, esto nos permitiría reconocer a la vez lo que hay de común entre las personas con autismo (y de estas con otras que presentan rasgos autistas en su desarrollo) y lo que hay de diferente en ellas.

En conclusión, contando con la noción de espectro autismo (autismo como un continuo), se evidencia que existen tantos autismos como personas con autismo. El autismo es un continuo (o espectro) que hace que las personas que lo padecen cuenten con diferentes puntos fuertes y débiles. Como hemos visto, ya en el DSM-III se reconocía la existencia de dicho espectro y se incluía dentro de los TGD.

Actualmente, los estudios de familiares y de gemelos con autismo han demostrado que el autismo infantil, el síndrome de Asperger, el autismo atípico y los trastornos

---

1. CIE es la sigla correspondiente del manual *Clasificación internacional de enfermedades*.

generalizados del desarrollo no especificados existen en familiares de niños con autismo. Además, en estas familias aparecen trastornos del lenguaje y, en los padres de los pacientes, alteraciones menores de la sociabilidad, comunicación o intereses (padres que, por otra parte, tienen una adaptación funcional más o menos apropiada a las exigencias de la sociedad en la que vivimos). Este conjunto de alteraciones es lo que se ha denominado "fenotipo amplio" y también se incluye dentro del fenotipo del autismo.

En el DSM-V (2013) ya se habla de una única categoría: el trastorno del espectro del autismo. Entre las ventajas de este nuevo manual, encontramos una mayor identificación de las personas afectadas, la posibilidad de realizar un diagnóstico antes de los 3 años y un sistema de identificación mejor también para los adultos.

Las cinco categorías establecidas en el DSM-IV son arbitrarias, dado que no diferencian entre comorbilidades (es decir, la presencia de uno o más trastornos –o enfermedades– además del trastorno primario), por lo que la misma persona puede cambiar de diagnóstico a lo largo de su vida. En este sentido, el DSM-V es más flexible y reconoce que la persona con autismo puede presentar también otras patologías añadidas, como depresión, ansiedad, déficit cognitivo, déficit atencional, convulsiones, etcétera.

Con el DSM-V, las diferencias entre pacientes son más cuantitativas que cualitativas; se recalca el nivel de severidad y se consideran las limitaciones sociales y de la comunicación como un único conjunto de dificultades y no como de dos ámbitos separados del desarrollo, con lo que se logra también un lenguaje menos redundante y más empírico, teniendo en cuenta además que las limitaciones en el lenguaje no son específicas del autismo.

Si bien la clasificación diagnóstica del DSM-V conlleva ventajas, también acarrea controversias y preocupaciones, como la posible pérdida de casos diagnosticados (por ejemplo, el síndrome de Asperger). Lo más importante es la discapacidad funcional y no la etiqueta en sí, que estas inquietudes se deberán seguir estudiando y analizando, y que las personas con Asperger continuarán existiendo aunque ya no tengan categoría diagnóstica.

En síntesis, a partir de las aportaciones de Leo Kanner (1943) y Hans Asperger (1944), el autismo ha sido foco de intenso debate, no solo sobre aspectos fenomenológicos, etiológicos y terapéuticos, sino también sobre su propia naturaleza. La presente revisión pretende situar el autismo como un concepto dinámico sometido a interpretaciones no solo diversas, sino radicalmente enfrentadas. Bajo un controvertido debate entre teorías psicodinámicas, conductistas y biológicas, transcurrieron casi cuatro décadas hasta que el autismo fue incorporado a los manuales diagnósticos. A partir de los años ochenta, una parte importante de los profesionales dedicados al autismo basan el diagnóstico en criterios consensuados que permiten delimitar grupos homogéneos, sin los cuales sería estéril la investigación y el intercambio de conocimientos. Pero los criterios actuales, y sobre todo la ubicación nosológica del autismo, parecen estar todavía lejos de ser consolidados. Posiblemente las aportaciones del DSM-V sean el inicio de un giro radical.

Diagnosticado desde el siglo XX, el autismo se convirtió en el siglo XXI en un gran enigma y en objeto de disputas entre grandes grupos de psicólogos, neurólogos y psiquiatras, entre otros.

Desde que el autismo fue enunciado hace setenta años por el psiquiatra austríaco Leo Kanner, se ha constituido en uno de los principales enigmas de la ciencia médica y psicológica. Actualmente, es visto como una asignatura pendiente y, a la par, cautiva de una manera extraordinaria a muchos grupos de científicos que, al día de hoy, siguen estudiando sus posibles causas.

CAPÍTULO 2

AUTISMO: DESCRIPCIONES GENERALES

Tener autismo no significa no ser humano, sino que significa ser diferente. Significa que lo que es normal para otros no es normal para mí, y lo que es normal para mí no es normal para otros. En cierto modo estoy mal equipado para sobrevivir en este mundo, igual que un extraterrestre sin manual de orientación. Pero mi personalidad está intacta. Mi individualidad, sin daño alguno. Le encuentro significado y valor a la vida y no quiero ser curado de mí mismo... Reconoce que somos igualmente extraños el uno para el otro y que mi forma de ser no es solo una variante dañada de la tuya... Cuestiona tus conclusiones. Define tus condiciones. Colabora conmigo para construir puentes entre nosotros.

Jim Sinclair (1992)

¿Qué era el autismo?

Si pensáramos en la representación social más enquistada y antigua –por así decirlo– sobre el autismo, casi automáticamente se nos vendría a la mente la imagen de un niño que aún no ha desarrollado el lenguaje verbal (y quizá no vaya a desarrollarlo nunca), hamacándose sobre sí mismo (*rocking*), ubicado en algún rincón de su habitación.

Dicha imagen mental nos retrotrae a estadios muy primigenios de la evolución del concepto de autismo en sí. La diversidad de hipótesis acerca de la naturaleza de los trastornos del espectro autista que ha habido durante todos estos años –tal como hemos mencionado en el capítulo anterior– "justifica" de algún modo la marcada confusión actual que encontramos en la sociedad, generada por el uso sinónimo de términos que, en realidad, no lo son y que es preciso clarificar.

Los primeros estudios sobre el autismo se habían centrado más en la causa que en los procesos mentales subyacentes, lo cual limitó considerablemente la aparición de nuevos tratamientos, basados en buenas prácticas, con evidencia empírica y con eficacia terapéutica contundente.

Hace algunos años, y debido a la falta de información real como así también de una verdadera comprensión de lo que era el autismo, los actuales TEA eran considerados como una respuesta de inhibición, incluso de rechazo emocional, presentada por un niño "normal" ante un entorno emocionalmente frío, distante. Por mucho tiempo reinó en el mundo científico la teoría de que la causa del autismo eran las denominadas "madres neveras" (o "madres refrigerador"), y se defenestraron las terapias de modificación de conductas, por considerar que eran muy estructuradas y que "destrozaban la humanidad de los pacientes tratándolos como perros pavlovianos" (Bettelheim, 1967). En aquella época, las propuestas terapéuticas desarrolladas iban dirigidas principalmente a tratar de resolver los supuestos conflictos emocionales que había entre los niños con autismo y sus madres. Incluso, a menudo, se proponía sacar al niño del contexto familiar. Así, el autismo era generalmente considerado una psicosis de la infancia.

Afortunadamente, en los últimos tiempos, los avances científicos realizados por los investigadores del autismo, junto con las declaraciones publicadas por muchas personas afectadas acerca de cómo viven, sienten, ven el mundo que los rodea, o incluso cómo procesan la información, nos ha permitido acercarnos más a sus mentes y así pudimos comprender mejor la esencia del autismo.

Gracias a estos pequeños grandes avances en el campo de la investigación, hoy podemos pensar nuevas definiciones para el autismo.

TERMINOLOGÍAS PARA EL AUTISMO

La terminología del autismo puede ser sorprendente e incluso provocar confusión. Autismo, trastorno autista, síndrome de Asperger y trastorno generalizado del desarrollo no especificado, entre otros, son algunas de las expresiones que escuchamos con frecuencia, sin saber específicamente en qué se diferencian. Autismo hace referencia al llamado "autismo de Kanner"; trastorno autista o autismo infantil, a los criterios diagnósticos utilizados por el DSM o por los del CIE-10, respectivamente. Ambos manuales describen los trastornos mentales en general, y se encuentran clasificados de modo descriptivo y categorial para facilitar el diagnóstico, el estudio y la investigación de los diferentes profesionales de la salud mental.

¿QUÉ ES TEA? ¿TGD ES IGUAL A TEA?

El término "autismo" se emplea por lo general, tanto en los medios de comunicación como en los ámbitos profesionales o institucionales, para definir sintéticamente todos los trastornos incluidos desde Kanner hasta el DSM-IV bajo la denominación de "trastornos generalizados del desarrollo" o, en la actualidad, en el DSM-V, con el título de "trastornos del espectro autista".

Dentro de los trastornos generalizados del desarrollo al trastorno autista, el DSM-IV engloba el trastorno de Rett (actualmente ya confirmado como un síndrome genético, que presenta mutaciones en el gen MECP2 y, por eso, ya fue eliminado de las nuevas clasificaciones diagnósticas), el trastorno desintegrativo infantil, el trastorno de Asperger (al cual dedicaremos un apartado especial) y el trastorno generalizado del desarrollo no especificado, también llamado autismo atípico (para las personas que reúnen algunos criterios para el diagnóstico de trastorno autista o trastorno de Asperger, pero no todos).

El TGD afecta tres áreas del desarrollo:

• Área de la comunicación: verbal y no verbal.
• Área de la socialización.
• Área de la imaginación, la creatividad y el juego, lo que genera intereses restringidos o conductas estereotipadas.

Por lo tanto, el autismo se caracteriza, para el DSM-IV, por retrasos o funcionamiento anormal antes de los 3 años en una o más de las siguientes áreas:

• La interacción social.
• La comunicación.
• Los patrones restringidos, repetitivos y estereotipados de comportamiento, intereses y actividades.

El síndrome de Asperger puede distinguirse del autismo por la falta de un retraso o desviación en el desarrollo temprano del lenguaje. Además, los individuos con síndrome de Asperger no tienen retrasos cognitivos significativos. Otros síntomas incluyen rutinas repetitivas o rituales, las peculiaridades en el habla y el lenguaje, afecto o comportamiento social inapropiados, problemas con la comunicación no verbal y movimientos motores torpes o falta de coordinación.

El trastorno generalizado del desarrollo no especificado, conocido también como autismo atípico, se caracteriza por síntomas más leves de autismo o síntomas en un solo dominio, por ejemplo, dificultades en el área de la comunicación tanto verbal como no verbal.

Cabe señalar que la denominación TGD no es, en realidad, estrictamente correcta, ya que el uso del término "generalizado" puede resultar confuso o ambiguo, pues implicaría una afectación en todos los aspectos del desarrollo. Esto no es correcto, ya que algunas personas con autismo tienen un desarrollo "neurotípico" en algunas áreas, y afectado o "neurodiverso" en otras. Por lo tanto, en estos individuos el desarrollo no está afectado de manera "generalizada".

Como consecuencia de las campañas de concientización sobre el autismo en las redes sociales y en los medios de comunicación, la expresión más conocida por todos es la de trastorno generalizado del desarrollo –TGD–; sin embargo, el DSM-V propone la de trastornos del espectro autista (TEA), diagnósticos conocidos como el trastorno autista, trastorno de Asperger y trastorno generalizado del desarrollo no especificado. Vemos así cómo, en gran parte o en su totalidad, varias de las expresiones empleadas para referirse al autismo se superponen. La primera parte de las terminologías pretende describir un conjunto específico de etiquetas diagnósticas, mientras que la segunda se refiere a un trastorno del espectro autista que une varias condiciones.

El DSM-IV-TR (versión revisada) y el CIE-10 están organizados en categorías, lo que se contrapone con la propia definición "dimensional" del autismo (entendido como un continuo). Autismo sería, entonces, un subconjunto del espectro amplio del autismo (TEA). Por eso la nueva versión del DSM (DSM-V) plantea pensar el autismo ya no como una categoría diagnóstica única, sino como una dimensión más abarcadora y no tan restringida.

La experiencia indica que, en los últimos años, la clínica ha mostrado que existe una gran variabilidad en la expresión de estos trastornos. El cuadro clínico no es homogéneo ni absolutamente delimitado, y su presentación oscila en un espectro de mayor a menor afectación. Este varía con el tiempo, y se ve influenciado por distintos factores, como el grado de capacidad intelectual asociada (CI) o el acceso a un diagnóstico precoz y a tratamientos interdisciplinarios especializados. El concepto de TEA trata de hacer justicia a esta diversidad, reflejando la realidad clínica y social que afrontamos. No es, sin embargo, un término compartido universalmente, e incluye los mismos trastornos integrados en los TGD, a excepción del trastorno de Rett, que se entiende como una realidad diferente del universo del autismo.

Si algo tenemos que agradecerle a esta nueva descripción sobre el autismo –los TEA– es que nos muestra de manera clara que bajo ningún punto de vista un niño con autismo puede ser visto igual que otro. Puede decirse entonces que no existe un autismo, sino un amplio espectro de manifestaciones clínicas sobre el autismo. De este modo, los profesionales estamos aún más obligados a observar, decodificar y comprender aquellas necesidades diferentes que tiene cada persona con alguna condición del espectro autista, y a orientar a las familias hacia un tratamiento individualizado y especializado. Será fundamental conocer, entonces, las capacidades y las características específicas de cada niño, para así poder plantear estrategias terapéuticas y apoyos adecuados para cada paciente con TEA.

Aunque ayer haya sido TGD y hoy sea TEA, sabemos que la utilización de todas estas expresiones ha ido variando con el tiempo, y es probable que se modifiquen en el futuro.

¿QUÉ ES EL AUTISMO?

El autismo es un término general muy conocido usado para referirnos a un espectro de condiciones del neurodesarrollo. Dicho espectro se caracteriza por alteraciones cualitativas en la interacción social recíproca y en la comunicación, y por la presencia de patrones de conductas repetitivas y estereotipadas, y de intereses restringidos; incluso pueden presentarse intereses sensoriales inusuales.

Una de las características fundamentales del autismo, como ya hemos mencionado, es que es un trastorno muy heterogéneo, que engloba diferentes grados de severidad y distintos niveles, lo que da lugar a lo que se conoce como "espectro autista", concepto desarrollado por Lorna Wing y Judith Gould en un estudio realizado en 1979. Esta expresión engloba a su vez a los llamados "trastornos generalizados del desarrollo".

En 1988, Lorna Wing desarrolló lo que se conoce como la tríada de Wing, que plantea tres dimensiones fundamentales dentro del espectro autista:

- Trastorno de la reciprocidad social.
- Trastorno de la comunicación verbal y no verbal.
- Ausencia de capacidad simbólica y de conducta imaginativa.

Más tarde, añadió los patrones repetitivos de actividad e intereses.

A pesar de no haber establecido otras dimensiones o niveles específicos, Lorna Wing también se refirió a funciones psicológicas como el lenguaje, las respuestas a estímulos sensoriales, la coordinación motora y las capacidades cognitivas.

La tríada de Wing es la base para el diagnóstico de autismo (o trastorno autista) en los sistemas mundiales de clasificación DSM y CIE.

En 1997, Ángel Rivière amplió a doce las dimensiones que pueden aparecer dentro del espectro autista :

- Trastornos cualitativos de la relación social.
- Trastornos de las capacidades de referencia conjunta (acción, atención y preocupación conjuntas).
- Trastornos de las capacidades intersubjetivas y mentalistas.
- Trastornos de las funciones comunicativas.

- Trastornos cualitativos del lenguaje expresivo.
- Trastornos cualitativos del lenguaje comprensivo.
- Trastornos de las competencias de anticipación.
- Trastornos de la flexibilidad mental y comportamental.
- Trastornos del sentido de la actividad propia.
- Trastornos de la imaginación y de las capacidades de ficción.
- Trastornos de la imitación.
- Trastornos de la suspensión (la capacidad de elaborar significantes).

Además, Rivière señala seis factores principales de los que depende la naturaleza y expresión concreta de las alteraciones que presentan las personas con alguna condición del espectro del autismo en las dimensiones que siempre están alteradas (las relaciones sociales, la comunicación y lenguaje, la anticipación y la flexibilidad):

- La asociación o no del autismo con retraso mental más o menos severo (o, lo que es lo mismo, del nivel intelectual o cognitivo).
- La gravedad del trastorno que presenta.
- La edad (el momento evolutivo) de la persona con autismo.
- El sexo: el trastorno autista afecta con menos frecuencia, pero con mayor grado de alteración, a mujeres que a hombres.
- La adecuación y eficiencia de los tratamientos utilizados y de las experiencias de aprendizaje.
- El compromiso y apoyo de la familia.

El espectro del autismo: más "grises" que "blancos o negros"

El concepto de "espectro" supone comprender al autismo como un continuo con diferentes dimensiones más que como una categoría diagnóstica. Nos permite reconocer la gran variabilidad de manifestaciones que incluyen los TEA, los aspectos que tienen en común y los rasgos que los diferencian.

Este término representa más un avance pragmático que teórico, e implica una estimación detallada de todas las fortalezas y debilidades de los niños con autismo, a la par que ayuda a definir sus necesidades terapéuticas y operativa así el plan de tratamiento indicado e individualizado para cada persona con alguna condición del espectro autista.

Los síntomas y su gravedad

Cada manifestación del autismo varía mucho en grado y forma dependiendo de cada persona. Los síntomas, y su gravedad, varían en cada una de las áreas afectadas (comunicación social, conductas, etcétera). Por lo tanto, es posible que un niño con autismo no tenga los mismos síntomas que otro y van a parecer, entonces, muy diferentes aun teniendo un mismo diagnóstico.

El autismo no es una enfermedad, sino una condición, un trastorno que afecta a la persona a lo largo de su vida y que, por lo general, no tiene cura. Por lo tanto, las personas que presentan alguna condición del espectro autista (CEA) no están enfermas, sino que tienen algo que los diferencia y que debe ser reconocido. Pero, como bien señaló Theo Peeters, experto en autismo, "alguien puede, eso sí, llegar a enfermarse mucho cuando vive en una sociedad que no se adapta al autismo ni lo comprende".

CONCEPTO DE NEURODIVERSIDAD

En los últimos tiempos, ha comenzado a utilizarse el término "neurodiversidad" (o diversidad neurológica), el cual supone que un desarrollo neurológico "atípico" (o neurodivergente) es una diferencia normal que debe ser reconocida y respetada como tal, como cualquier otra variación humana. Es la idea de que todos somos neurológicamente distintos.

En este sentido, debemos esforzarnos por comprender que no todos procesamos la información de la misma manera. Las personas con autismo tienen características únicas, las cuales, a nuestros ojos, podrían manifestarse como diferencias o discapacidades, pero no son más que diversas formas de ver el mundo: ni mejores ni peores, sino distintas. Estas diferencias plantean para las personas con autismo muchos desafíos al vivir en esta sociedad.

> El movimiento de neurodiversidad trabaja por la igualdad de derechos en todas las configuraciones neurológicas –derechos a adaptaciones y servicios de apoyo que nos ayuden a tener vidas gratificantes y productivas–. El concepto de neurodiversidad no prefiere un tipo neurológico por encima de otro. La neurodiversidad no se opone a la idea de la terapia y la educación para las dificultades relacionadas con el autismo, siempre y cuando dicha terapia apunte a mejorar la calidad de vida y no a eliminar las diferencias no normativas. (Los enfoques basados en la cura buscan erradicar las diferencias no normativas.) [...] Además, la neurodiversidad se enfoca en otorgarles a todos las herramientas necesarias para vivir en forma independiente. Estas herramientas incluyen el cuidado personal, la educación, las habilidades de empleo, la transición y la autovaloración.[1]

1. National Autism Resource and Information Center y Autistic Self Advocacy Network, "Plan de estudios para la autovaloración", disponible en línea: <www.autismnow.org>.

¿Cuáles son los síntomas?

Cuando los padres observan o sospechan que el desarrollo de su hijo no es lo que se denominaría "típico", es importante realizar una consulta con un especialista para tener un diagnóstico completo y un tratamiento.

Estas son algunas de las señales de que un desarrollo es "atípico" y nos podrían alertar sobre un posible autismo:

- Ausencia de sonrisa social.
- Falta de contacto visual: evita la mirada y el contacto con los demás.
- Ausencia del balbuceo.
- Detención en la entrada en el lenguaje verbal y no verbal.
- Tendencia al aislamiento.
- Ausencia de demandas (por ejemplo, no estira los brazos).
- Repetición de sílabas o palabras-frase aisladas y fuera de contexto.
- Repetición de fragmentos escuchados en algún lugar.
- Aparición de la angustia en situaciones aparentemente normales.
- Dificultad para aceptar los cambios de rutina.
- Manipulación estereotipada de los objetos y fijación exclusiva con algunos en concreto, más que jugar con ellos o usarlos de forma funcional.
- Estereotipias y rituales obsesivos.
- Agresión a sí mismo o a otros.

Para ser más específicos y refiriéndonos puntualmente a las áreas del desarrollo afectadas por el autismo, podríamos pensar en los siguientes síntomas:

Es fundamental que los padres conozcan las primeras señales de alerta sobre un posible autismo y se familiaricen con el desarrollo típico y los hitos evolutivos que su hijo debería alcanzar en cada fase de su crecimiento. Para eso, la fundación Brincar x un Autismo Feliz ha creado el video *Con tu mirada podés hacer la diferencia*, que puede ayudar a reconocer las primeras manifestaciones de los síntomas de autismo. En él se muestran muchos de los hitos evolutivos esperables en la esfera social y comunicativa en niños con desarrollo típico. Con este video, Brincar x un Autismo Feliz señala la importancia de vigilar el juego como indicador vital de desarrollo, tan importante como la nutrición,

Cuadro 1
Algunas posibles características

En el área de la comunicación social:
- No responde a su nombre.
- No puede decir lo que quiere.
- Está retrasado/a en su lenguaje.
- No saluda.
- No sigue consignas.
- A veces parece oír y otras veces no.
- No señala.

En el área de la interacción social:
- No utiliza los juguetes de forma convencional.
- Mantiene juegos extraños.
- Prefiere jugar solo/a.
- No se interesa por otros niños.
- Establece poco contacto visual.
- Parece estar "en su mundo".
- No presta atención.

En el área conductual:
- Repite las actividades una y otra vez.
- Alinea objetos o los clasifica por forma o color.
- Hace berrinches.
- Es hiperactivo.
- Es oposicionista y no colabora.
- Realiza movimientos raros o incluso puede desarrollar ciertos rituales.
- Es hipersensible a ciertas texturas o sonidos.
- Camina en puntas de pie.

el sueño o el progreso motriz. Ser detectives felices sobre el desarrollo de nuestros niños nos permite disfrutar del crecimiento y ayudarlos a mejorar día a día, como así también detectar tempranamente patologías de desarrollo (como el autismo) en caso de que estén presentes.[2]

Autism Speaks (la organización de ciencia y defensa del autismo más grande del mundo) desarrolló una campaña que subraya la importancia del reconocimiento de las primeras señales del autismo y la búsqueda de servicios para una intervención temprana. Las siguientes son las "banderas rojas" que pueden indicar si un niño está en riesgo de autismo. Si el niño demuestra cualquiera de los siguientes síntomas, se le debe pedir una evaluación al pediatra o médico de cabecera:

2. Brincar x un Autismo Feliz, disponible en línea: <www.youtube.com>.

- No manifiesta sonrisas grandes o expresiones de alegría a los 6 meses o después.
- No comparte sonidos de ida y vuelta, sonrisas u otras expresiones faciales a los 9 meses.
- No balbucea a los 12 meses.
- No realiza gestos como señalar, mostrar, alcanzar o saludar a los 12 meses.
- No dice palabras a los 16 meses.
- No dice frases de dos palabras que sean significativas (no incluye imitación o repetición de frases) a los 24 meses.
- Cualquier pérdida del habla, balbuceo o habilidades sociales a cualquier edad.

Una persona afectada levemente, y con un abordaje terapéutico apropiado, puede llevar una vida independiente y solo aparentar ser algo peculiar. Una persona afectada severamente podría ser incapaz de hablar o de cuidarse a sí misma. La intervención terapéutica temprana puede marcar diferencias extraordinarias en el desarrollo de un niño con autismo.

EL MAL USO DE LOS TÉRMINOS "AUTISTA" Y "AUTISMO"

Mira a la persona y no la etiqueta diagnóstica. Con o sin habilidades lingüísticas, las personas con autismo tienen mucho que decir. Escúchalos y conócelos, en vez de utilizar peyorativamente el término "autista".

El uso peyorativo de las palabras "autista" o "autismo" es lo que sostiene y naturaliza determinadas representaciones sociales que, actualmente, ya sabemos que no condicen con la realidad. El empleo de estos términos en diversos ámbitos hace del diagnóstico del autismo un atributo genérico y definitorio. La utilización sostenida de la palabra "autista" como definición global de la persona con autismo es un error conceptual de graves consecuencias. El autismo en sí mismo no puede definir a la persona, y el uso del atributo como condi-

cionante social conlleva el impulso de la discriminación, de la exclusión social, por quedar afuera de los cánones de la "normalidad". Si decimos que alguien es alto, ese atributo no clasifica de forma genérica; pero, si decimos que es autista, sí clasificamos, y de forma negativa. Por lo tanto, las personas con TEA no son "autistas", sino que tienen "autismo".

Sin ir más lejos, lo mismo ocurre con el término "discapacitado" y sus derivados. Por falta de información consciente y actualizada, se le priva a la sociedad de conocer lo que muchos científicos y demás profesionales han reconceptualizado.

La concepción de la discapacidad avanza desde un "modelo médico" hacia un "modelo social" y desde un "modelo social" hacia un "modelo de diversidad funcional". Es un cambio significativo, pues con el enfoque social la discapacidad no se relaciona con el cuerpo, sino como una consecuencia de la opresión social; se argumenta que la discapacidad es total y exclusivamente social (Oliver, 1990) y con el modelo de diversidad funcional, la "discapacidad" podría entenderse, alternativamente, como un fenómeno, hecho o característica presente en la sociedad que, por definición, afectaría a todos sus miembros por igual (Foro de vida independiente, 2005).

Como los TEA no se conocen lo suficiente, aún no se comprenden en su totalidad y, en consecuencia, no se contemplan en muchos espacios.

Y... ¿QUÉ SERÁ EL AUTISMO?

Existen muchas preguntas y quizá pocas respuestas para darnos, o para darles a nuestros pacientes o hijos. Y pensamos que, al fin de cuentas, lo importante no es la respuesta, sino seguir formulando las preguntas que nos permitan crecer y superarnos para cumplir con los siguientes objetivos principales:

- Informar, concientizar y sensibilizar a toda la sociedad sobre el autismo, sus necesidades y la forma más adecuada de abordarlas.
- Proporcionar herramientas útiles que permitan un primer acercamiento al enigmático mundo del autismo.
- Contribuir a la difusión y al conocimiento del concepto de espectro autista, de las características y los signos de alerta que ayudan a identificarlos tempranamente, y a reconocer y validar la importancia de una adecuada intervención precoz que va asociada, según todas las investigaciones, con un mejor pronóstico.
- Ofrecer estrategias educativas que contribuyan a dar una mejor atención a cada niño/a con TEA.

- Brindarles apoyo de todo tipo a las familias que se encuentran por primera vez en esta situación.

Brindar esta información ayudará a disminuir el desconcierto, los sentimientos de confusión, la ansiedad, angustia e incertidumbre de las personas que se relacionan con el niño/a con TEA (padres, profesores, hermanos, etcétera).

SE TRATA DE COMPRENDER

La definición de autismo resulta en sí problemática. Según Tamarit (1992), para avanzar en la construcción de un concepto común y consensuado entre los profesionales sobre lo que significa el autismo, es necesario partir del planteamiento de Rutter (1984) al respecto: preguntarse a qué conjunto de fenómenos aplicaremos el término "autismo" en vez de partir de la palabra para definirla después. Esta palabra, como cualquier otra, tendrá el significado que se le quiera dar. Correctamente utilizada, no es más que un sustituto conveniente y abreviado para referirse a la extensa descripción de Kanner, pero su utilización no siempre responde con fidelidad a ese contenido.

Resulta tan difícil para las familias y los profesionales comprender a las personas con autismo como para ellas comprendernos a nosotros; en otras palabras, tenemos un problema de comprensión mutuo. Al igual que les ocurre a las personas con autismo, tenemos que esforzarnos para intentar adivinar cómo ellas comprenden su mundo y así entender qué "significa" su conducta.

El autismo implica un modo distinto de pensar y de vivir. Afecta la forma en que un niño percibe el mundo. Y "trastornos del espectro autista" (TEA) es el término que se utiliza para dar cuenta de las distintas manifestaciones de gravedad del autismo. El espectro incluye a personas con autismo de "alto funcionamiento" o con síndrome de Asperger.

Los síntomas del autismo, por lo general, están presentes durante toda la vida. Una persona afectada levemente, y con un abordaje terapéutico apropiado, puede llevar una vida independiente y solo aparentar ser algo peculiar. Una persona afectada severamente podría ser incapaz de hablar o de cuidarse a sí mismo. La intervención terapéutica temprana puede marcar diferencias extraordinarias en el desarrollo de un niño con autismo.

Ahora podemos tener una idea más acertada de cómo las personas con autismo ven el mundo que las rodea y de cuáles son las dificultades que aparecen en su relación con él.

Con una representación social acertada sobre el autismo, serán mayores los beneficios bajo todo punto de vista. Aunque las "sombras" del autismo se han reducido notablemente, aún queda mucho más por descubrir. El autismo tiene un lenguaje propio, y estamos aprendiendo a hablarlo.

A modo de cierre de este capítulo, compartimos un resumen del texto *Welcome to Holland* ("bienvenidos a Holanda"),[3] escrito en 1987 por Emily Perl Kingsley, guionista del famoso programa de televisión *Plaza Sésamo* y madre de un niño con síndrome de Down. Ella escribió este cuento para describir la experiencia de educar a un hijo con necesidades especiales. En *Welcome to Holland*, Kingsley explica de una forma muy gráfica y poética lo que una familia planea a la hora de tener un bebé, y logra una metáfora perfecta con un viaje de vacaciones a Italia. Lo interesante del texto no pasa tanto por el viaje en sí, sino por la llegada a destino, cuando los tripulantes y la azafata dicen "Bienvenidos a Holanda" y la familia que viajaba, confundida, comienza a no entender nada de lo que le sucede.

La autora logra plasmar un paralelo muy realista entre el viaje y el hijo soñado, y los planes que no salen como la

3. Texto original disponible en línea: <www.our-kids.org>.

familia quiere, cuando el destino al que arriba es definitivamente otro, distinto del tan esperado. Kingsley plantea que la clave para realmente poder empezar a descubrir los encantos de Holanda es no considerar a este nuevo lugar como algo feo, desagradable, sin esperanza, sino como un espacio nuevo, diferente. Por último, nos enseña que es posible que el dolor del viaje soñado que no hicimos nunca termine, porque la pérdida de un sueño es algo muy significativo; sin embargo, si nos pasamos toda la vida lamentando el hecho de no haber llegado a Italia, no seremos libres para disfrutar las cosas tan especiales y bellas de Holanda.

CAPÍTULO 3

AUTISMO Y ACTUALIDAD

*Nuestra recompensa se encuentra en
el esfuerzo y no en el resultado.
Un esfuerzo total es una victoria completa.*

MAHATMA GANDHI

En los últimos años, y gracias a los avances en el conocimiento disponible sobre el autismo y los trastornos del desarrollo en general, se han realizado modificaciones conceptuales que progresivamente han incorporado la expresión "trastornos del espectro autista" para referirse de manera más amplia a este tipo de alteraciones.

Las modificaciones conceptuales relacionadas con el autismo van respondiendo deliberadamente a los distintos DSM y a cómo estos manuales (diagnósticos y estadísticos de los desórdenes mentales) han decidido denominar al autismo.

A continuación, realizaremos una aproximación histórica al manual.

- En el DSM-I y en el DSM-II (1952 y 1968), el autismo era considerado un síntoma de la esquizofrenia (diagnóstico psiquiátrico ubicado dentro del grupo de los trastornos mentales crónicos y graves caracterizados, entre otras cosas, por alteraciones en la percepción o la expresión de la realidad).

- En el DSM-III (1980), se comenzó a hablar de "autismo infantil".
- En el DSM-III-R (1987), se incluyó el trastorno autista.
- En el DSM-IV-TR (2000), se definen cinco categorías diagnósticas dentro de los trastornos generalizados del desarrollo.
- En el DSM-V (2013), se habla de una única categoría: el trastorno del espectro autista.

Como podemos ver, se han propuesto varios criterios a lo largo de la corta historia de este diagnóstico tan controvertido que provoca tantas vicisitudes entre los distintos grupos de profesionales abocados al autismo.

Dependiendo del variable concepto que se tenga sobre el autismo, actualmente existen dos manuales de criterios diagnósticos que, en lo esencial, son muy similares, y tienen por objeto permitir un registro estadístico más o menos confiable, así como mejorar la comunicación entre profesionales. Al menos esa es la idea del DSM y del CIE.

Sin embargo, en la práctica clínica, las personas con autismo tienen fortalezas y debilidades que exceden largamente el contenido de dichos manuales, y hay una gran variedad de cuadros que pueden estar a medio camino de las categorías nosológicas contenidas en ellos.

El DSM-V y la nueva clasificación de los TEA

Uno de los cambios más importantes y –por qué no decirlo– controvertidos de la quinta edición del *Manual diagnóstico y estadístico de los trastornos mentales* fue realizado con respecto al trastorno del espectro autista.

DSM-V: criterios diagnósticos

Figura 1

Trastornos generalizados del desarrollo

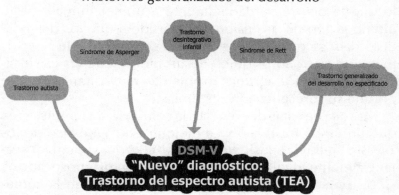

En lugar de clasificar estos diagnósticos, el DSM-V adopta un nuevo enfoque (más dimensional que categorial) para el diagnóstico de los trastornos que caen debajo del paraguas del espectro autista. El diagnóstico revisado representaría una forma nueva, más abarcativa, más clara y más precisa, tanto médica como científicamente, de diagnóstico de las personas con trastornos relacionados con el autismo.

Con el uso del DSM-IV, el diagnóstico bien podía ser uno u otro, mientras que con el uso del DSM-V el diagnóstico va a ser solo uno, con diferentes grados de severidad (leve, moderado o severo).

Recordemos también que el DSM no recomienda ningún tratamiento en particular para los trastornos que describe, sino que procura promover cierto acuerdo para la determinación de un diagnóstico exacto, ya que este es el primer paso para que un profesional de la salud mental especializado en la materia pueda definir un plan de tratamiento acorde para cada paciente.

Muchos profesionales recomiendan los criterios del DSM-V para los TEA porque consideran que reflejan mejor el estado del conocimiento sobre el autismo. Otros profesionales critican dichas denominaciones por considerar al DSM un modelo ateórico, clasificatorio y estadístico, que obtura las posibilidades de pensar y de interrogarse sobre lo que le ocurre verdaderamente a un ser humano. Este último grupo de profesionales considera que los diagnósticos dados como rótulos pueden ser claramente nocivos para el desarrollo psíquico de un niño y que las clasificaciones tienden a agrupar problemas muy diferentes solo porque su "presentación" es similar.[1]

Más allá de estas diferencias, la comunidad científica cree que un único trastorno va a mejorar el diagnóstico de los TEA sin limitar la sensibilidad de los criterios o cambiar sustancialmente el número de niños que son diagnosticados.

Las personas con TEA suelen tener déficit en la comunicación; por ejemplo, responden de forma inadecuada en las conversaciones, malinterpretan las interacciones no verbales o tienen dificultad para construir amistades apropiadas para su edad. Pueden presentar además cierta adherencia a las rutinas, ser muy sensibles a los cambios en su entorno o enfocarse en estímulos que no parecieran ser relevantes a las tareas.

Como ya fue mencionado en el capítulo anterior, los síntomas de las personas con TEA caen en un continuo (espectro autista), algunas presentarán síntomas leves y otras unos mucho más severos. Este espectro permitirá a los clínicos dar cuenta de las variaciones en los síntomas y comportamientos de una persona a otra.

Bajo los criterios del DSM-V, los individuos con TEA deben mostrar síntomas en la primera infancia, aunque estos no se reconozcan hasta más tarde. Este cambio de criterio favorece el diagnóstico precoz de los TEA, pero tam-

---

1. Véase al respecto la Campaña Internacional STOP DSM, disponible en línea: <www.youtube.com>.

bién permite que las personas cuyos síntomas pueden no ser plenamente reconocidos (hasta que las demandas sociales superen o excedan sus capacidades) reciban el diagnóstico. Se trata de un cambio importante de los criterios del DSM-IV, que se orientó hacia la identificación de los niños en edad escolar con trastornos relacionados con el autismo, pero no resultó tan útil en el diagnóstico de los niños más pequeños.

En conclusión, "trastornos del espectro autista" es un "nuevo" nombre que refleja un consenso científico con respecto a que cuatro trastornos previamente separados son parte, en realidad, de un solo diagnóstico con diferentes niveles de gravedad de los síntomas.

DSM-V: nuevos criterios diagnósticos

Figura 2
Marco conceptual

Un único diagnóstico, pero con significativa variabilidad individual en el caso a caso.

Entre las diferencias en los criterios diagnósticos, se pueden mencionar las siguientes:

- La severidad de los síntomas del autismo.
- El patrón de inicio y el curso del trastorno del espectro autista.
- Los factores etiológicos.
- Las capacidades cognitivas (CI).
- Las afecciones asociadas.
- La presencia o no de lenguaje verbal.

Algunos profesionales de la salud mental se animan a describir con estos detalles ciertos diagnósticos prescriptores.

DSM-V. *Checklist* para el diagnóstico de los TEA

Según el DSM-V, los nuevos criterios diagnósticos para los TEA son los siguientes:

A. Déficits en el uso o la comprensión de la comunicación social y la interacción social en múltiples contextos, no explicados por retrasos en el desarrollo en general, que se manifiestan en los tres siguientes:		
Déficits en las conductas comunicativas no verbales utilizadas para la interacción social, que van desde la comunicación verbal y no verbal poco integrada, las alteraciones en el contacto visual y lenguaje corporal, o las deficiencias en la comprensión y el uso de la comunicación no verbal, hasta una total falta de expresión facial o de gestos.	SÍ	NO
Déficits en la reciprocidad social y emocional, que van desde el enfoque social anormal y el fracaso de una conversación normal recíproca con reducido intercambio de intereses, emociones, afecto y respuesta, hasta la falta total de iniciación de la interacción social.	SÍ	NO

Déficits en el desarrollo y mantenimiento de relaciones adecuadas al nivel de desarrollo (más allá de aquellos con los cuidadores), que van desde las dificultades para ajustar el comportamiento para adaptarse a los diferentes contextos sociales, las dificultades para compartir el juego imaginativo y hacer amigos, hasta una aparente falta de interés por las personas.	SÍ	NO

B. Patrones repetitivos y restringidos de comportamiento, intereses y actividades que se manifiestan en las cuatro siguientes:

Discurso, uso de objetos o movimiento motor estereotipado o repetitivo (tales como estereotipias motoras simples, ecolalia, el uso repetitivo de objetos o frases idiosincrásicas).	SÍ	NO
Adhesión excesiva a rutinas, patrones ritualizados de comportamiento verbal o no verbal, o excesiva resistencia al cambio (como rituales motores, insistencia en la misma rutina o alimentos, cuestionamiento repetitivo o angustia extrema ante los pequeños cambios).	SÍ	NO
Intereses fijos y muy limitados que son anormales en intensidad o enfoque (tales como fuerte apego o preocupación hacia objetos poco comunes, excesivamente circunscriptos o intereses perseverantes).	SÍ	NO
Hiper- o hiporreactividad a estímulos sensoriales o interés inusual en los aspectos sensoriales del medio ambiente (por ejemplo, aparente indiferencia al dolor/calor/frío, respuesta adversa a sonidos o texturas específicas, excesivo oler o tocar objetos, fascinación con las luces o los objetos giratorios).	SÍ	NO

Un cambio adicional en el DSM es que los tres dominios se transforman en dos. Se solapan los déficits sociales y de comunicación en un solo dominio, el de comunicación social. Por lo tanto, un individuo con un diagnóstico de TEA se describe en términos de la gravedad de los siguientes síntomas:

- Déficit en la comunicación social y la interacción social.
- Conductas estereotipadas, repetitivas, intereses y actividades restringidas.

Debido a que se requieren dos componentes para el diagnóstico de los TEA, si no estuvieran presentes las conductas estereotipadas, repetitivas, los intereses y las actividades restringidas (2), el diagnóstico sería otro: el de trastorno de la comunicación social.

Cabe destacar que tanto el DSM-IV como el DSM-V y el CIE-10 no tienen en cuenta la *falta de imaginación social* (es decir, la capacidad de pensar y predecir las consecuencias de nuestras propias acciones para nosotros y para otros) como criterio diagnóstico. En niños llamados "neurotípicos", esta habilidad se desarrolla después de los primeros tres años.

Casos de autismo: ¿en aumento?

Nadie pone en duda que los casos de autismo están aumentando de manera llamativa y hasta drástica. Escuchar que un niño ha sido diagnosticado con autismo no parece ser, hoy en día, una novedad en el terreno de los profesionales de la salud mental. Sin embargo, no deja de suscitar angustias y mucha incertidumbre en cada una de las familias que asisten a diario a la consulta para averiguar qué les pasa a sus hijos. El autismo se hace cada vez más presente y, últimamente, pareciera que de un modo más reiterado.

Términos como "aumento sideral", "pandemia", "epidemia", "explosión", "sobrediagnóstico" aparecen una y otra vez. Sin embargo, aún no logramos ponernos de acuerdo entre los profesionales sobre las posibles teorías causales o explicaciones acerca de la sintomatología autista.

La incidencia y la prevalencia son herramientas usadas en el campo de la epidemiología. Son dos medidas de frecuencia de un trastorno o enfermedad, es decir que se utilizan en autismo con el fin de calcular el número de casos con que los TEA aparecen en una determinada población.

La prevalencia resulta un parámetro útil porque *permite describir un fenómeno de salud, identificar su frecuencia poblacional y generar hipótesis exploratorias*. No obstante, en el campo de la epidemiología más crítica, los nuevos casos de autismo parecieran "golpear" seriamente sus fundamentos metodológicos, condicionando así sus resultados.

El diagnóstico de TGD, tan escuchado en los últimos tiempos, es exclusivamente clínico, se basa en la observación de la conducta, y carece en estos momentos de marcadores neurobiológicos. Esta circunstancia origina una dificultad para la definición y, por lo tanto, para su identificación.

Para la epidemiología, la denominación diagnóstica de TGD no podría ser tomada de forma puramente objetiva, debido a que no existe tal afección generalizada del desarrollo. Por eso resulta mucho más operativo el nuevo diagnóstico que emplea el DSM-V para los autismos: el de trastornos del espectro autista.

En los últimos años, se había detectado una prevalencia de TEA en la población mundial del 1%. Pero en marzo de 2013, el Centro para el Control y la Prevención de Enfermedades (CDC) de los Estados Unidos publicó un estudio en el que se consigna una prevalencia del 2%, es decir que uno de cada cincuenta niños tendría un diagnóstico de autismo.

Solo en el estado de California, el número de niños que reciben tratamientos para el autismo se triplicó desde 1987 hasta 1998 y se duplicó en los cuatro años siguientes. En nuestro país, contaríamos con una cifra similar.

Muchos psicoanalistas prestigiosos, que estudian el tema desde su óptica teórica, no descartan la posibilidad de un verdadero aumento en el autismo. Pero señalan fallas en las formas en que se diagnostica en la actualidad.

En lo que todos estamos de acuerdo es en que el autismo se diagnostica con más frecuencia que en el pasado. Según Autism Speaks, los siguientes son algunos datos relevantes sobre las cifras del autismo:

Cuadro 1

Año	Cantidad de diagnósticos
Antes de 1990	1 en 2000 niños
1990	1 en 500
2000	1 en 166
2009	1 en 100 (1%)
2012	1 en 88
2013	1 cada 54 varones

Explicaciones del aumento

Si bien el debate es amplio y controvertido y aún no se ha encontrado una única "explicación" sobre este aumento mundial en los casos de autismo, una posible razón sería la contaminación ambiental (producto de sociedades postindustrializadas). Entonces se debería analizar qué estamos haciendo con nuestro planeta y con la vida de los niños para que haya tales efectos nocivos. También los genes que se transfieren de padres a hijos podrían tener más daño acumulado, y afectar así la reproducción e incrementar los casos de autismo. Sin embargo, podría pensarse que no existe tal incremento en la prevalencia de niños con autismo a escala mundial, sino que esos mismos niños con diagnóstico de TEA habrían recibido otro diagnóstico, o bien, por falta de evaluaciones diagnósticas fiables, no habrían recibido diagnóstico alguno.

No obstante, los avances científicos de la medicina y la psicología en general hoy nos permiten hablar sobre posibles factores que explicarían dicho aumento en las tasas de autismo.

Seguramente, una parte de este incremento se deba a la mejora en la detección precoz, los cambios en la definición del autismo, la mejora de los criterios diagnósticos y la ampliación del concepto a casos limítrofes, en los que se incluyen los TEA más leves.

El aumento, además, podría entenderse debido al incremento notable de las investigaciones sobre el autismo, como así también esclareceríamos en parte dicho auge debido a la ampliación de la conciencia pública sobre el autismo en los últimos años.

Se produjo también un cambio en la identificación del autismo, como así también en la toma de conciencia sobre lo que implica tener autismo. Hay más conocimiento, reconocimiento y servicios de salud y educación en general. Incluso hubo cambios en los factores de riesgo.

Una de las posibles razones de los aumentos de prevalencia que se observan es que los TEA son ahora más comunes, y la población en general ya no estaría percibiéndolos como algo terrible, cuestión que sucedía hasta hace relativamente poco tiempo atrás.

Como vemos, pareciera haber muchos posibles factores: la toma de conciencia sobre el autismo, la mejora diagnóstica y de los instrumentos de evaluación y tratamiento, la contaminación, las exposiciones tóxicas, el ritmo de vida, la alimentación, las nuevas formas en las que se vinculan padres e hijos, la crianza, las ondas que generan celulares y hornos de microondas, etcétera.

Debido a este aumento, la vigilancia y la evaluación de estrategias para la identificación temprana podrían permitir un tratamiento precoz y más acorde a las necesidades puntuales de cada niño con autismo, lo que nos asegura una mejora de los resultados, es decir, una mayor eficacia terapéutica. Afortunadamente, el panorama actual permite que los niños con autismo puedan acceder a las mismas oportunidades que los niños que no lo presentan, lo que mejora de forma considerable sus capacidades. A su vez, el acceso a materiales informativos, libros, recursos tecnológicos de todo tipo (Internet, correo electrónico, redes sociales, etcétera) e información en general en idioma español está ayudando a que los trastornos del espectro autista sean vistos como algo "frecuente". Así, se apartan las representaciones sociales más ligadas a la locura (desde una mala concepción del término), que automáticamente conducían al miedo y al drama como producto, sobre todo, de la desinformación sobre el autismo.

No podríamos entender el aumento de los diagnósticos de TEA refiriéndonos a una sola causa. Sin embargo, la comunidad científica ha logrado identificar una serie de factores de riesgo: exposición a determinados ambientes tóxicos, ciertas mutaciones genéticas, niños prematuros al nacer, padres mayores y un corto tiempo entre un embarazo y otro parecieran hoy demostrarnos que pueden ser considerados factores que aumentan el riesgo de tener un niño con autismo.

Sabemos también que el aumento en la prevalencia de casos de autismo puede deberse a cambios en la forma de diagnosticar a los TEA. Pensar al autismo dentro de un continuo incluye un mayor reconocimiento de las personas menos afectadas (autismo leve, trastorno generalizado del desarrollo no especificado, autismo de alto rendimiento o síndrome de Asperger).

Pero, incluso en conjunto, estos factores conocidos no explican completamente el aumento de la prevalencia. Mientras tanto, si los números siguen aumentando, continuará el debate sobre lo que significa.

Hay quienes sostienen que el incremento de los casos de autismo no debería asustar tanto como la ignorancia, ya que mucha gente la padece y también se está expandiendo.

CAPÍTULO 4

NEUROBIOLOGÍA DE LOS TRASTORNOS DEL ESPECTRO AUTISTA

¿Importa para nuestras vidas saber cómo funciona el cerebro?
Creo que importa, y mucho, sobre todo si, aparte de conocer
lo que actualmente somos, nos preocupamos por aquello que
podemos llegar a ser.

Antonio Damasio, *Y el cerebro creó al hombre*

Al abordar la posible etiología del autismo, conviene tener en cuenta que la propia complejidad de los trastornos del espectro autista conlleva necesariamente la necesidad de considerar la interacción no solo de distintos y variados factores, sino también de diferentes perspectivas y enfoques teóricos. Campos como la genética, la neurobiología, la psicología y la pedagogía, entre otros, más allá de presentar a veces posturas antagónicas, representan por el momento un marco complementario y necesario para comprender el origen de este complejo trastorno.

No existen marcadores biológicos del autismo, por lo tanto, no hay un estudio único o que por sí solo pueda realizar el diagnóstico de TEA, ya sea mediante un análisis de sangre, metabólico, genético, electroencefalográfico o de neuroimágenes.

Aunque el descubrimiento del autismo se remonta al ya lejano 1943, en la actualidad no existe una teoría del todo convincente que explique por completo la aparición de este trastorno.

Inicialmente se pensaba que la forma de relacionarse de los padres era lo que provocaba el distanciamiento social tan característico de los niños con autismo. Hoy se sabe que no es así, sino que los TEA se desarrollan en los primeros meses de vida o incluso en la etapa intrauterina, por lo cual esta teoría no tiene ningún sentido.

EL CEREBRO EN EL AUTISMO

Actualmente, podría decirse que existe cierto consenso sobre las causas del autismo: estas sientan sus bases en la neurobiología, fundamentalmente en anomalías provocadas en el sistema nervioso central, ya sea por la herencia o por factores del medio ambiente.

Con respecto a la neurobiología del autismo, también se presentan datos muy diversos. Vale aclarar en este punto que la cantidad de casos examinados es muy pequeña como para poder llegar a conclusiones generalizadoras para todas las personas que tienen un diagnóstico de autismo. No obstante, todas las investigaciones realizadas hasta el momento coinciden en que existen anomalías anatómicas en las porciones inferiores de los hemisferios cerebelosos, acompañadas por pérdida celular. Estos cambios estructurales son coherentes con una afección prenatal cerca de las treinta semanas de gestación de las porciones del sistema límbico y los circuitos cerebelosos. En estudios más específicos realizados con neuroimagen, se ha apreciado un adelgazamiento de la parte posterior del cuerpo calloso y una atrofia cerebelosa. Como es conocido, lo que se denominaba el "sistema límbico" está ampliamente relacionado con el procesamiento emocional, la memoria y la atención, mientras que el cuerpo calloso sería el encargado de que ambos hemisferios cerebrales se comuniquen de forma que trabajen de manera concertada. ¿Podrían estas anomalías cerebrales actuar de manera simultánea causando las dificultades afectivas y de relaciones que se manifiestan en estos niños?

Figura 1
Imagen de un cerebro llamado "neurotípico"

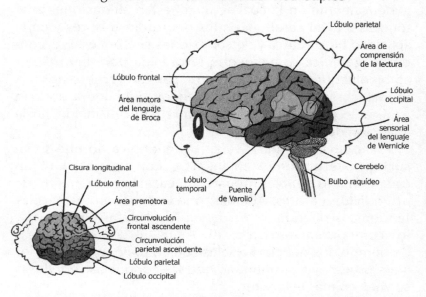

Por otra parte, al hablar de las bases neurobioquímicas del autismo, se ha encontrado que estas personas presentan una elevación importante de los niveles de serotonina, un neurotransmisor implicado en la regulación del sueño, la ansiedad, la agresividad y los estados afectivos. Además, y lo que sería aún más importante, la serotonina actúa como un modulador y factor trófico de la diferenciación neuronal durante el desarrollo.

Se conoce que la capacidad de síntesis de serotonina de los niños es 200% mayor que en los adultos pero, a medida que van creciendo y al llegar a los 5 años, esta capacidad disminuye. No obstante, en los niños con TEA la capacidad de síntesis de serotonina crece hasta los 15 años. ¿Esto indicaría que la serotonina es la responsable de los cambios evolutivos?

Desgraciadamente, hasta el momento no existe una respuesta única para estas preguntas, si bien ya pueden perfilarse algunas conclusiones muy generales. Según múltiples investigaciones, el autismo es una patología condicionada genéticamente en la cual se manifiestan alteraciones anatómicas a nivel cerebral, en los neurotransmisores y en la actividad bioeléctrica y de conexiones cerebrales. Esta condición genética se encuentra favorecida por algún factor ambiental que sería insignificante para un cerebro normal. Probablemente, solo de esta manera integradora podrían explicarse las múltiples causas que parecen incidir en la aparición de los TEA.

Existe una marcada diversidad fenotípica (lo que se visualiza externamente) en los TEA, con un deterioro en cada dominio de los síntomas, los cuales varían mucho de un individuo a otro. Además, puede haber varios perfiles fenotípicos diferentes. Por ejemplo, el desarrollo social y los comportamientos repetitivos siguen diferentes líneas de tiempo, los déficits sociales suelen mejorar durante los años preescolares, mientras que las conductas repetitivas se vuelven más evidentes.

DIVERSOS ESTUDIOS REALIZADOS

Estudios del cerebro en pacientes con TEA, utilizando imágenes estructurales y funcionales y técnicas neuropatológicas, han revelado anormalidades macroscópicas y microscópicas de desarrollo. Durante la primera infancia, el volumen cerebral en estos pacientes muestra agrandamiento anormal, pero estas diferencias disminuyen en cierta medida con la infancia tardía o la adolescencia. Este patrón se ha detectado recientemente porque, durante gran parte de sus setenta años de historia, las anomalías cerebrales de los TEA eran vistas como algo estático. Por lo tanto, la posibilidad de anomalías en el crecimiento dependientes de la edad no fue apreciada (Courchesne y otros, 2003). La mayoría de los estudios anatómicos se centraron en el niño de más edad, en el adolescente o en el adulto (Mosconi y otros, 2009), y rara vez la investigación se enfocaba en el desarrollo del cerebro. Los pocos estudios transversales que examinaron los cambios relacionados con la edad revelan un complejo patrón de anomalías en el crecimiento en el cerebelo, el cerebro, y la amígdala y las posibles diferencias en el hipocampo. Diferencias relacionadas con la edad en el crecimiento de la región específica del cerebro también fueron evidentes en un metaanálisis (Redcay y Courchesne, 2005).

El tamaño del cerebro se ha definido utilizando el perímetro cefálico, un indicador fiable del volumen, especialmente durante la primera infancia, por medio de cálculos volumétricos utilizando imágenes de resonancia nuclear magnética (RNM). Al nacer, el perímetro promedio en los pacientes con TEA es aproximadamente normal. Sin embargo, a los 3 o 4 años de edad, el tamaño de su cerebro supera en promedio un 10% al normal según estudios de RNM *in vivo*. Un estudio reciente evidencia que el volumen del cerebro, usando una muestra de niños más grandes, observó un aumento algo menor al 5% (Hazlett y otros, 2005 cit. en DiCicco-Bloom y otros, 2006). A los 6 o 7 años, el tamaño del cerebro en estos pacientes puede exhibir solo un pequeño aumento. Sin embargo, los siguientes datos del estudio mayor revelan una diferencia persistente al 5% en edades más avanzadas en consonancia con la gran cantidad de datos de perímetro cefálico en los pacientes mayores. Por lo tanto, todos los datos emergentes indican que hay un fenotipo de crecimiento del cerebro en los pacientes con TEA. En el nivel de los tejidos, la ampliación del cerebro refleja el aumento de la materia gris y blanca cerebral, especialmente la materia blanca inmediatamente por debajo de la corteza. También habría incremento de la materia blanca y gris del cerebelo, aunque este hallazgo puede variar. En contraste, el vermis cerebeloso, que es predominantemente la materia gris, se reduce en tamaño.

La espectroscopia en la resonancia magnética (ERM) se puede utilizar para detectar concentraciones regionales de moléculas neurotransmisoras, tales como N-acetil aspartato, creatina y mioinositol. Teniendo en cuenta la ampliación del cerebro en los pacientes con TEA, podrían predecirse incrementos en los marcadores neuronales atribuibles a una mayor densidad neuronal o sináptica. La combinación de marcadores moleculares alterados y un aumento de la materia blanca y gris podrían reflejar los cambios.

Estudios neuropatológicos

Los estudios post mórtem pueden caracterizar directamente anormalidades cerebrales en los pacientes con TEA. Los estudios clásicos se han centrado sobre todo en el trastorno autista y fueron limitados por el pequeño tamaño de la muestra (a menudo solo reportes de casos), el uso de métodos de cuantificación posiblemente sesgados y la presencia de comorbilidad, retraso mental y epilepsia. Sin embargo, estos estudios revelaron anormalidades en el desarrollo del cerebro. Aproximadamente el 20% de los casos presentan macrocefalia (perímetro cefálico > 97 percentil), un hallazgo que ya se ha señalado en algunos niños en el primer informe sobre el trastorno autista.

Las anormalidades más consistentes reportadas por varios investigadores se reducen a las neuronas de Purkinje del cerebelo y a disgenesia de la corteza cerebral. Los datos sobre el sistema límbico del cerebro posterior y los cambios relacionados con la edad carecen de replicación de un laboratorio independiente.

Por sí mismos los cambios microscópicos no explican la macrocefalia ni la evidencia de un cerebro ampliado en estudios de neuroimagen. Sin embargo, pocos estudios post mórtem incluyen cerebros de los primeros años de vida, cuando la ampliación dependiente de la edad ha sido muy claramente caracterizada.

Estudios de neuroimagen funcional

Debido a que el diagnóstico de los TEA se basa en alteraciones del comportamiento social, en áreas que normalmente se asignan a redes específicas del cerebro, la resonancia magnética funcional (fRMN) puede ser útil para examinar –no para diagnosticar– los sistemas o las redes neuronales afectadas en los TEA. Las tres áreas principales afectadas en el autismo implican sistemas neuronales dispersos, lo que tal vez indica una anormalidad celular generalizada. Aunque en los TEA se alteran el lenguaje, la atención, la comunicación y las interacciones sociales, solo este último factor ha recibido una atención significativa utilizando fRMN.

El trabajo fRMM más temprano se centró en la percepción social, como el reconocimiento de una persona a través de la cara. Trabajos más recientes han examinado la percepción de la expresión facial, la atención conjunta, la empatía y la cognición social. Estos estudios indican que los déficits en las habilidades de los pacientes con TEA son acompañados por reducción de la actividad neural en regiones que normalmente gobiernan el dominio funcional específico.

Por ejemplo, estudios realizados han demostrado que los déficits en la atención conjunta se asocian con una reducción de la actividad en el surco temporal superior posterior, mientras que el déficit en la percepción social o compromiso emocional y la excitación se asocian con una reducción de la actividad en la amígdala.

Algunos interesantes trabajos sugerían que las neuronas espejo (es decir, las neuronas motoras que se activan en reflejo de un acto motor o de las acciones de otros) podrían estar involucradas en el déficit de empatía, mientras que los estudios de tomografía por emisión de positrones mostraron déficit de la zona prefrontal y la amígdala en la teoría de la mente (es decir, tomar la perspectiva de otra persona). En este sentido, los estudios de neuroimagen podrían formar el pegamento que uniría la genética con el comportamiento.

Los TEA implican cambios en la anatomía cerebral regional y las redes neuronales funcionales, y posibles resultados de la regulación anormal de múltiples procesos ontogenéticos. Existe cierta correlación de carácter hereditario: alrededor de un 3% de los hermanos o mellizos de un niño con TEA tiene también el mismo trastorno (cifras pequeñas pero significativas estadísticamente hablando, ya que implicarían un riesgo doble de padecer TEA si se tiene un hermano con esta patología).

EVIDENCIA GENÉTICA EN LOS TEA

En una media que oscila entre el 5 y el 10% de los casos con autismo, se han identificado problemas genéticos como duplicaciones del cromosoma 15, esclerosis tuberosa, fragilidad X, fenilcetonuria o neurofibromatosis. Como puede apreciarse, la misma variedad existente en relación con la manifestación de los síntomas se evidencia en las causas del autismo. Debido a que el autismo es una patología en la que se muestran alteraciones sobre todo del funcionamiento cerebral, es lógico pensar que pueda estar causado por múltiples factores, ya sean de origen ambiental o genético.

Se estudiaron más de cien genes candidatos (Wassink y otros, 2004), pero se han replicado pocos resultados. Muy recientemente, sin embargo, la asociación del gen de los patrones de desarrollo cerebelar *Engrailed 2* con TEA se ha informado y replicado en tres poblaciones separadas. Hay otros genes candidatos prometedores, incluyendo el locus UBE3A (el gen para el síndrome de Angelman), varios genes del sistema de GABA en el cromosoma 15q11-13 y el gen transportador de la serotonina en el cromosoma 17q. Análisis de casos de TEA con anomalías cromosómicas específicas también han ayudado a identificar las regiones genómicas que pueden albergar genes de susceptibilidad. Los investigadores ahora están colaborando con las muestras del banco para así maximizar el poder estadístico. El examen de los fenotipos relacionados con TEA específicos (endofenotipos, por ejemplo, trastorno del lenguaje) puede ser más informativo genéticamente que el diagnóstico categórico de TEA. También se ha estudiado bastante la posible contribución de los factores ambientales.

Aportes de la neurobiología al futuro

Teniendo en cuenta los orígenes evolutivos de los TEA y la identificación de anomalías en el crecimiento temprano de comportamiento y el cerebro, pronto podremos contar con herramientas sensibles para el diagnóstico de los TEA durante el primer año de vida. El diagnóstico precoz puede permitir una enseñanza más eficaz y estrategias de comportamiento para maximizar el progreso en el enriquecimiento de la experiencia del niño afectado, modificando positivamente el pronóstico. La neuroimagen estructural, metabólica y funcional está caracterizando el cerebro de pacientes con TEA desordenado en varios niveles. En general, la trayectoria de crecimiento posnatal del cerebro se incrementa, con las mayores diferencias de cambios en la materia blanca que en la gris. Sin embargo, la etiología subyacente aún está por definirse. No se sabe si el aumento del tamaño del cerebro refleja un equilibrio normal de los tipos de células, aunque la conectividad funcional y las relaciones de actividad entre las regiones específicas del cerebro se ven perturbadas. La precisión cada vez mayor de la resonancia magnética funcional puede revelar correlaciones de actividad de la red con los síntomas individuales en los pacientes individuales, proporcionando un medio para evaluar la terapia.

También están próximos los descubrimientos genéticos que centrarán la atención en una serie de reguladores de desarrollo y procesos, neurotransmisores y componentes sinápticos y, potencialmente, nuevos mecanismos genéticos. Los avances en los modelos animales deben permitir a los investigadores examinar los componentes específicos de los TEA utilizando métodos basados en la neurobiología fundamental, los endofenotipos, los genes de susceptibilidad y los factores patogénicos. Quizás estos modelos animales permitan una definición adicional de las vías moleculares en poblaciones humanas con TEA. Por ejemplo, las investigaciones sobre los receptores de oxitocina y vasopresina han dado lugar a nuevos estudios genéticos humanos, y la asociación de EN2 con los TEA plantea preguntas acerca de la relación del genotipo con la morfología del cerebro, por una parte, y de la gama de los síntomas clínicos, por otra.

Desde una perspectiva más amplia, la comunicación exitosa entre los investigadores a través de las fronteras disciplinarias tradicionales es esencial para establecer la validez de los modelos genéticos de la enfermedad humana y animal. Mientras tanto, los profesionales de la salud se enfrentan al desafío de ajustar los mecanismos moleculares y de desarrollo recién definidos con subpoblaciones clínicas para el estudio adicional. Es un momento emocionante en la investigación de los TEA.

La comunidad científica debe seguir centrándose en comprender el autismo como una condición compleja, determinada por múltiples vías que conducen a resultados heterogéneos para encontrar biomarcadores predictores.

Capítulo 5

TEORÍAS CAUSALES SOBRE LOS TEA.
LOS MÚLTIPLES INTENTOS POR COMPRENDER
LA CAUSA DEL AUTISMO

El ignorante afirma, el sabio duda y reflexiona.

ARISTÓTELES

Como ya sabemos, el autismo es considerado un trastorno muy heterogéneo, con diferentes causas y factores asociados supuestos que dan lugar a intervalos variables de sintomatología. Ya es sabido que el autismo afecta al desarrollo y el desarrollo afecta al autismo. La incidencia parece ir en aumento con el tiempo, mientras que los mecanismos fisiopatológicos subyacentes permanecen prácticamente desconocidos.

Cuando hablamos de autismo, nos referimos a las siguientes cuestiones:

- Síndrome (conjunto de signos y síntomas que están presentes).
- Espectro (es decir que no hay una categoría única ni nítida que pueda abarcar todas las manifestaciones posibles del autismo).
- Condición heterogénea (con respecto a cómo se va produciendo el trastorno).
- Condición de baja especificidad clínica.
- Genes muy diversos en los distintos cuadros de los TEA.

Para comprender, leer, interpretar, tratar de investigar y hacer investigación sobre el autismo, un profesional de la salud debe convertirse en un experto, en un hiperespecialista en campos tan distintos como la neurología, la psiquiatría, la psicología, el juego, los trastornos del lenguaje, las habilidades sociales, la discapacidad intelectual, las alteraciones motoras, las convulsiones, etcétera. Así como el autismo crece y crece, también se incrementa de manera exponencial el número de elementos necesarios para lograr su comprensión holística.

La posibilidad de hablar de una eventual "etiología" del autismo debe ser tomada con seriedad, pues no se puede simplemente barajar nuevas hipótesis causales. Si bien todavía quedan muchas cuestiones sin resolver, no se podrán descifrar si se validan teorías que no tienen fundamentación científica alguna.

No cabe duda de que, durante estos últimos años, toda una diversidad de teorías se han ido presentando año tras año. Algunas involucraron la genética, las vacunas, la intolerancia al gluten y a la caseína, los metales pesados, el uso de pesticidas, factores ambientales, infecciones, inflamaciones, esteroides, etcétera. Algunas de ellas poseen validación empírica y otras no tienen ningún sostén científico.

Muchas teorías siguen hoy estando presentes en debates abiertos, incluso en el ámbito científico, y otras ya fueron descartadas en dichos contextos, aunque siguen dando que hablar en las redes sociales, instituciones de padres, familiares o profesionales independientes, a pesar de no resistir debates bien fundados. Sin embargo, en el terreno de una posible etiología del autismo, creemos que debemos buscar el fondo de verdad que hay en cada uno de estos planteamientos que se formulan.

EL ARTE DE HACERNOS PREGUNTAS SIN ENCONTRAR RESPUESTAS

Autismo: ¿un trastorno multifactorial?

Al no contar hasta la fecha con una causa única sobre la posible etiología de los trastornos del espectro autista, se considera que son de origen multifactorial, lo que significa que los distintos autismos serían producto de la interacción de muchos factores. Estos actuarían en conjunto para influir sobre el neurodesarrollo de las personas que cumplen con criterios diagnósticos para el autismo (véase el capítulo 3).

Cuadro 1
TEA: factores etiológicos

- Factores ambientales (metales pesados, agentes neuroinflamatorios, etcétera).
- Genética. } TEA
- Infecciones (virales, bacterianas, etcétera).
- Estrés.

A medida que avanzamos en este libro, podemos ir pensando diversas definiciones sobre el autismo. Y no por incluir varias de ellas daremos por concluidas sus infinitas conceptualizaciones, ya que, como bien dijimos, existen tantas definiciones sobre autismo como personas con autismo existieron, existen o existirán.

Otra posible definición, incluyendo todo lo mencionado en el capítulo anterior y en el presente, podría ser: "El autismo es un complejo desorden biomédico en el cual participan factores genéticos y del entorno". Si desarrollamos esta definición a modo de cuadro, nos encontraríamos con una "explicación" un poco más detallada, aunque no por eso menos controvertida:

Cuadro 2
Autismo como desorden psicobiomédico multifactorial

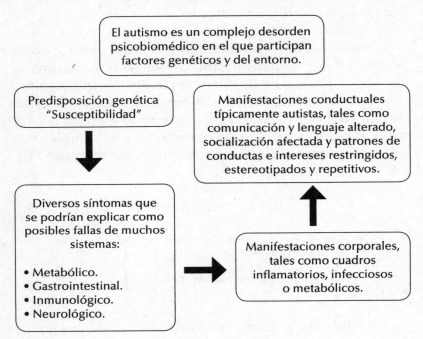

El autismo es un complejo desorden psicobiomédico en el que participan factores genéticos y del entorno.

Predisposición genética "Susceptibilidad"

Manifestaciones conductuales típicamente autistas, tales como comunicación y lenguaje alterado, socialización afectada y patrones de conductas e intereses restringidos, estereotipados y repetitivos.

Diversos síntomas que se podrían explicar como posibles fallas de muchos sistemas:

- Metabólico.
- Gastrointestinal.
- Inmunológico.
- Neurológico.

Manifestaciones corporales, tales como cuadros inflamatorios, infecciosos o metabólicos.

¿Es posible encontrarnos con marcadores biológicos para el autismo?

Los biomarcadores se utilizan en muchos campos científicos para detectar la presencia de un trastorno, síndrome o enfermedad, determinar las consecuencias biológicas de dicha presencia, descubrir los estados iniciales e intermedios de un proceso de enfermedad, identificar a los individuos sensibles a dicho trastorno o enfermedad, como así también fundamentar la decisión de intervenir en caso de haber confirmado un diagnóstico.

Los biomarcadores más útiles son los que se pueden obtener menos invasivamente, por eso se prefieren los que se encuentran en sangre. No obstante, en el caso del autismo, no existen por el momento este tipo de biomarcadores que logren identificarlo.

A pesar de los importantes avances en la investigación sobre el autismo, en la comprensión de la genética, del desarrollo y de la neurobiología de los TEA, muchos aspectos de las condiciones de los trastornos del espectro autista no han sido del todo descifrados. Pareciera que la complejidad de estos trastornos y la infinita heterogeneidad de los cuadros de autismo son los factores que aún no permiten encontrar un único marcador que les dé significado a dichos procesos de desarrollo particulares y a patrones evolutivos neurodiversos.

> La heterogeneidad de la condición ha llevado a algunos científicos a sugerir que en lugar de un fenómeno único, es probable que haya muchos autismos con diferentes procesos biológicos subyacentes y de distintas vías de desarrollo. En este contexto de complejidad, hay una intensa búsqueda de marcadores biológicos para el autismo. Tales biomarcadores pueden no solo revelar causas de la condición, sino también podrían ser útiles para dar el diagnóstico de autismo, permitiendo una detección más temprana de la condición. Los biomarcadores ayudarían a la validación de programas de intervención muy tempranos, dirigidos e individualizados (Walsh y otros, 2011).

El avance de la genética en determinados cuadros tales como el síndrome de Rett, el síndrome de X frágil y la esclerosis tuberosa, entre otros, es lo que augura un posible camino de éxito en relación con la búsqueda de marcadores biológicos para el autismo, suponiendo que estos serán de suma utilidad no solo para su detección, sino también para el tratamiento e incluso para una posible prevención. Por eso, en el campo de las investigaciones en autismo, se buscan insistentemente aquellos genes que podrían estar involucrados en los trastornos del espectro autista.

Recientemente, grandes estudios prospectivos de niños con riesgo de autismo –en virtud de antecedentes familiares de la condición o preocupaciones clínicas de los padres– han comenzado a investigar precursores de los síntomas del autismo en la infancia. Se espera que los biomarcadores válidos que se identifican antes de la aparición clara de síntomas ayuden en la detección temprana del autismo emergente (Walsh y otros, 2011).

Los investigadores y la comunidad científica en general deberán seguir centrándose en la comprensión de los diversos síntomas del autismo, como así también en su heterogeneidad (en relación con los diversos grados de afectación y respuestas a los tratamientos), entendiendo al autismo como una condición amplia, compleja, que es determinada por múltiples etiologías o vías que conducen a resultados similares (un mismo diagnóstico), aunque con muchas particularidades dentro del mismo cuadro (por eso se habla de espectro autista), para así encontrar en el futuro biomarcadores predictores. Hacia allá vamos...

¿Existe una relación clara entre el autismo y las vacunas?

A raíz del pánico creado en la sociedad con las teorías asociativas del autismo con las vacunas, se ha investigado y hablado bastante sobre el tema, muchas veces desde un lugar más de ignorancia que de profundo saber.

En un primer momento, se asociaron determinadas vacunas indicadas en el plan de vacunación médico y obligatorio con el aumento sideral de autismo en niños. Ante tal alarma, muchos padres dejaron de vacunar a sus hijos, por el riesgo –presunto– de que, al hacerlo, ellos iban a "contraer" autismo.

Lo cierto es que se detectaron marcadores elevados en mercurio. Por eso muchas familias envían tomas de sangre de sus hijos a analizar al exterior en distintos laboratorios relacionados con las empresas de biomedicina para que, a través de análisis de sangre o capilares –que, la mayoría de las veces, dan resultados positivos y alarmantes en muchas áreas–, se busquen los metales tóxicos que presuntamente les causaron el autismo a sus hijos.

Varios estudios de investigación muestran que la conexión entre las vacunas y el autismo no puede probarse. Se han evaluado allí aspectos relacionados con probables factores de inmunidad de las vacunas con la posibilidad de provocar autismo. El resultado de los estudios es que no hay suficiente evidencia que pueda vincular el uso de vacunas con el diagnóstico de autismo, al menos por ahora.

¿Es real que algunas dietas "curan" el autismo?

"Que tu alimento sea tu medicamento y que tu medicamento sea tu alimento", sostuvo Hipócrates, el padre de la medicina, hace ya muchísimos años. La medicina natural concede a las dietas gran importancia, y muchos médicos basan sus tratamientos en diferentes formas de tratar el autismo a través de los alimentos. Sin embargo, no deberíamos ser tan "literales" a la hora de escuchar frases como aquella con la que iniciamos este apartado.

Nadie debería afirmar que una dieta libre de gluten y caseína cura el autismo, aunque algunos lo hacen. No estamos en contra de las dietas, sino más bien las consideramos sumamente positivas si tienen el objetivo de favorecer una alimentación consciente y saludable en la persona con autismo o en cualquiera que desee mejorar sus hábitos de alimentación.

Numerosos estudios de investigación y la práctica clínica muestran cómo muchos de los niños con condiciones del espectro autista presentan con frecuencia síntomas gastrointestinales, tales como constipación, reflujo, gastritis, meteorismo, cólicos, vómitos, diarreas a repetición, distensión abdominal, etcétera. Incluso varios trabajos científicos sugieren que la prevalencia de la alergia a los alimentos está aumentando.

Algunos estudios refieren que las molestias serían causadas por una ingesta excesiva de determinados alimentos que contienen gluten, lácteos (caseína), azúcares, aditivos, etcétera. Dichos alimentos inflamarían las paredes intestinales y producirían infecciones por hongos (candidiasis, por ejemplo), bacterias y parásitos. Al pasaje de estas sustancias tóxicas a la circulación se lo denomina "síndrome del intestino permeable", el cual tendría consecuencias negativas (aunque no tan conocidas) en el sistema nervioso central. Por eso se intenta disminuir y hasta erradicar diversos alimentos en las dietas de los niños con autismo para mejorar la permeabilidad del intestino.

La importancia de incorporar hábitos saludables de alimentación no debería limitarse solo a los niños con autismo, sino a todas las personas en general. Tampoco debe circunscribirse solo a los alimentos que se ingieren, sino también al modo en que se come.

No obstante, antes de incorporar cualquier alimento nuevo a la dieta de una persona o incluso de eliminarlo porque sí, hay que consultar con un médico especializado o un nutricionista para planificar los alimentos que conviene incorporar o suprimir en cada momento, en qué proporción, con qué otros alimentos se van a compensar y de qué forma hacerlo. Incluso los profesionales pueden proveernos de recetas. Hay que recordar que, en la mayoría de los casos, una persona comienza una dieta para adelgazar porque su médico se la indicó por estar algo excedida en peso, porque algún estudio indicó una alergia a determinado alimento o porque le diagnosticaron diabetes, etcétera. ¿Qué queremos decir con esto último? Que tenemos que saber leer y tener en cuenta los síntomas gastrointestinales del niño con autismo y si tiene o no alguna alergia a determinados alimentos. Para eso habrá que consultar con los profesionales indicados y no con cualquier persona o en fuentes poco fiables de Internet.

El hábito de una dieta saludable es posible gracias a la elección consciente de los alimentos que son realmente nutritivos y necesarios para nuestro organismo.

EL INTESTINO COMO SEGUNDO CEREBRO

Las últimas investigaciones de la biología del desarrollo han demostrado algo muy llamativo: las células nerviosas del intestino provienen de la misma capa germinal que las del cerebro. Al igual que este, el intestino también contiene neuronas, y allí se encuentran los principales neurotransmisores del cerebro (GABA, serotonina, acetilcolina, noradrenalina, etcétera). La neurogastroenterología es la disciplina que se encarga de estudiar esta relación entre el cerebro y el intestino.

Más allá de poseer o no alguna condición del espectro autista, todos somos distintos, por lo que no existe una alimentación puntual que deba cumplirse de forma estricta y que sirva para todas las personas, mucho menos para todas aquellas con TEA.

Cualquier enfoque teórico, nueva tendencia o discurso armado o tomado con fanatismo (sea una alimentación determinada, una terapia alternativa, una terapia basada en buenas prácticas para el autismo o con evidencia empírica), por lo general, no son recomendables.

Si bien es cierto que muchos niños con autismo se han visto beneficiados luego de haber realizado una dieta libre de gluten, caseína, azúcares y aditivos (algunos estudios indican que algunos han disminuido la frecuencia e intensidad de conductas problemáticas, han bajado sus niveles altos de inflexibilidad, como así también la frecuencia de las conductas repetitivas), si consideramos a las dietas soluciones mágicas para el autismo, ese sesgo no nos permitirá ver las distintas opciones que existen, aunque en cada una de ellas encontremos aspectos que se puedan valorar, considerar e incorporar como cuestiones para dejar de lado por ineficaces o iatrogénicas.

No pensemos que las dietas basadas en una alimentación saludable son solo para las personas con autismo. Confiemos en nuestra capacidad de alimentarnos de manera consciente y saludable. Aprendamos a leer con criterio, busquemos información sobre alimentación que tenga basamento empírico comprobable, no esperemos soluciones o pastillas mágicas (aunque a todos nos encantaría que existiesen), ni tampoco un diagnóstico grave para empezar a cambiar nuestros hábitos alimenticios.

¿PODEMOS HABLAR DE UNA VERDADERA CONCLUSIÓN?

Definitivamente, no. Si bien entendemos que tantas preguntas y "teorías" son intentos sobrehumanos (algunos confirmados, otros fallidos y otros en procesos de investigación) por hallar una explicación, una causa –o posibles causantes– del gran *enigma o acertijo* que nos presenta el autismo, y que las preguntas que se abren sirven como avances para el futuro estudio en el campo de este trastorno, aún no hallamos una única respuesta que nos conforme a padres, investigadores y profesionales.

Sí es cierto que, a diferencia de lo que ocurría unas décadas atrás, comenzamos a visualizar datos que resultan interesantes en relación con las posibles etiologías de los autismos. Estos datos, sin embargo, resultan en ocasiones abundantes y pueden incluso confundir sin hallar una verdadera respuesta. Haber encontrado una diversidad de factores (etiología multifactorial) nos muestra una luz en el camino de la etiología del autismo. De todos modos, si bien es mucho el trayecto recorrido, el camino recién empieza y aún quedan muchas cuestiones por rever y seguir investigando.

Para hablar de etiología o etiologías, se precisa de un abordaje serio y científico. Es fundamental que las discusiones que se generen sobre el tema tengan basamentos científicos, fundamentos que se sostengan por haberse realizado investigaciones con muestras significativas, para evitar así posturas radicales y sesgadas que solo consideren un factor o un aspecto de los TEA. Porque de la misma manera que rechazamos una sola definición de autismo, a modo de "talle único", para todas las personas con TEA, debemos reconocer que no podemos "casarnos" con una única teoría causalista que responda todos los interrogantes, ya que, como sabemos, los trastornos del espectro autista no son un cuadro homogéneo, sino heterogéneo, como lo es su etiología.

Para establecer hipótesis claras, investigaciones serias, cada sociedad tiene que crear su propia agenda, llevar a cabo sus propios estudios de campo y encontrar sus propias soluciones. No todas las posibles teorías causales sobre el autismo parecen compatibles para todas las sociedades, ni para todos los chicos con TEA.

Aunque claramente tenemos un largo camino por recorrer –con diferencias teóricas, tensiones y conflictos que aún no se han reconciliado–, al final nos daremos cuenta de que un enfoque holístico sobre el autismo no es una opción, sino una necesidad.

DECODIFICAR EL MENSAJE NO PARECE TAN DIFÍCIL

Si hablamos de porcentajes, solo en los últimos años la tasa de autismo ha crecido del 500% al 6000%. Este aumento pareciera hablar por sí mismo, aunque en un lenguaje aún ininteligible para nosotros: los llamados "neurotípicos". Pareciera que los niños con autismo nos estarían trayendo un mensaje no tan difícil de decodificar. Están queriendo decirnos algo.

Los patrones relacionales o vinculares que hemos "desarrollado" las personas en la actualidad, nuestras conductas alimenticias, patrones de salud (teoría de vacunas, procesos de medicalización excesivos para pequeñas gripes, por ejemplo, que no le permiten al cuerpo sanarse por sí solo como si este no fuera lo suficientemente inteligente para hacerlo), el uso de pesticidas, todo tipo de contaminación que producimos sin concientizarnos realmente sobre sus efectos, los avances en la tecnología, etcétera, parecieran estar indicándonos que nuestros hábitos de vida precisan realmente un cambio.

Estas posibles teorías generan una mayor desinformación y desasosiego, y las familias de personas con autismo no saben realmente qué hacer. Las preguntas también empiezan a crecer a la par de los casos de autismo: ¿Vacuno o no a mi hijo? ¿Habrá tenido que ver la vacuna? ¿Será la sobrecarga de determinados alimentos como los lácteos o el gluten? ¿Será el uso de pesticidas?

Para hacernos estas preguntas, obviamente nos basamos en estudios que se encuentran presentes en el campo de la investigación. Encontramos algunos a favor y otros en contra, que prueban, comprueban o desestiman cualquier tipo de información relacionada con estas posibles teorías causalistas acerca del autismo.

Pero si dejáramos de lado las investigaciones, los múltiples intentos de hallar respuestas a tantas preguntas, y nos pusiéramos realmente en el lugar de los padres, ¿con qué nos encontraríamos? Nos encontraríamos con mucho dolor y angustia, con familias que han perdido el rumbo cuando recibieron el diagnóstico de autismo para alguno/s de sus hijos, y luego, cuando lograron tomar coraje para empezar a buscar respuestas sobre qué tratamiento podría ser el mejor para sus hijos, los invadió un sinfín de posibles respuestas que en realidad son solo deseos egocéntricos de hallar respuestas únicas donde pareciera que lo único y generalizable no existe.

A medida que vamos investigando, estudiando, atendiendo o creciendo con una persona con autismo, vamos entendiendo cómo se forma la mente, cómo funciona y hacia dónde va.

Una de las banderas rojas para el autismo suele ser la falta o el poco contacto visual que los niños establecen con sus adultos de referencia más cercanos. Nos preocupa que no miren a los ojos pero, paradójicamente, desmerecemos la mirada en la vida adulta. Muchos comerciales actuales muestran cómo el uso de telefonía celular –que también crece a pasos agigantados– desmerece, por así decirlo, el contacto visual entre las personas. Hoy en día, amigos que decidieron reunirse para cenar "juntos" se envían un mensaje de texto o crean un grupo en WhatsApp para compartir cosas que antes se transmitían con palabras, gestos o tan solo con miradas. Y, de forma hipócrita, hoy estamos enseñando a nuestros niños con autismo la importancia de mirar a los ojos y buscamos desesperadamente que "nos miren". La mirada es una de las conductas comunicativas humanas a las que no les damos a diario el valor que realmente tienen y merecen. Claramente, no está mal que enseñemos el valor de la mirada, pero es algo que antes deberíamos practicar...

Hacia una neurobiología del amor

Recientemente, algunos neurobiólogos han comenzado a estudiar las bases neurales de uno de los más poderosos y emocionantes sentimientos conocidos por los seres humanos: el amor. Ya Aristóteles sostenía que de poco servía educar la mente sin educar el corazón, ya que esa no era una verdadera educación.

El psiquiatra Eric Hollander, del Colegio de Medicina de Nueva York, asegura haber comprobado que la oxitocina, conocida como la hormona del amor, mejora la capacidad de las personas con autismo para reconocer las emociones. El cerebro, movido por las emociones, produce sustancias químicas que hacen que la persona eleve su autoestima, experimente sensación de euforia, se sienta animada, alegre y vigorosa, sin necesidad de tomar o inyectarse nada.

Estas sustancias que produce el cerebro, denominadas hormonas endógenas (ya que se producen en la corteza cerebral), bien podrían llamarse drogas de la felicidad. Algunas de ellas son las siguientes:

- La *oxitocina* se produce cuando existe un amor pasional y se relaciona con la vida sexual.
- La *dopamina* es la droga del amor y la ternura.
- La *fenilalanina* genera entusiasmo y amor por la vida.
- La *endorfina* es un transmisor de energía y equilibra las emociones, el sentimiento de plenitud y el de depresión.
- La *epinefrina* estimula la realización de metas.

Si hay abundancia de estas hormonas endógenas, existe inteligencia emocional e interpersonal; el individuo se siente ubicado, sabe quién es, a dónde va; controla sus emociones, conoce sus habilidades y sus talentos y se siente dueño de sí mismo.

El amor es vivir, compartir, pedir perdón, perdonar y perdonarse. Es la fuerza que ayuda a realizar algo imposible. Es poder mostrar nuestro corazón de niño sin tener que esperar nada a cambio, es lograr expresar nuestros sentimientos sin temer a lo que pueda pensar o decir el resto, es lo que permite soportar dolores y penas. Amor es simplemente dar todo lo que uno puede dar. No te niegues a darlo ni a recibirlo. El amor busca comprender sin juzgar. El amor no tiene límites.

¿Se cura el autismo? ¿O se mejora con una buena calidad de vida, diversos tratamientos y mucho amor?

CAPÍTULO 6

TEORÍAS Y MODELOS EXPLICATIVOS SOBRE EL AUTISMO

> *El secreto de la sabiduría, del poder*
> *y del conocimiento es la humildad.*

ERNEST HEMINGWAY

Como ya dijimos, el autismo no es una enfermedad, no es algo que una persona en sí padezca. Que intentemos insistente y deliberadamente entenderlo sin antes aceptarlo es lo que genera en los pacientes un certero padecimiento. Los individuos con alguna condición del espectro autista no padecen "su" autismo, sino la falta de aceptación de una sociedad desinformada, que falla profundamente a la hora de empatizar con la neurodiversidad o, dicho de otro modo, con estilos cognitivos diversos.

¿Y SI TODO FUERA REALMENTE UN PROBLEMA DE EMPATÍA?

¿El problema estaría entonces en nosotros? Habría que interesarse un poco más en las cuestiones éticas del autismo, ya que, como veníamos diciendo, los mayores problemas para las personas con autismo es que nosotros, los que somos llamados "normales" o "neurotípicos", sufrimos de un enorme egocentrismo y un importante complejo de superioridad. Pensamos que tenemos un nivel, un estándar de calidad de vida que todo el mundo debe seguir y que todo lo que no "encaja", lo que no está dentro de dicha media, no es "normal". Vale aclarar que esta palabra proviene del latín (*normalis*) y refiere a aquello que se encuentra en un estado al que se considera como natural. También se la emplea para encuadrar aquello que actúa como modelo, regla o canon social, y a lo que se ajusta, debido a su naturaleza, a preceptos establecidos previamente. Entonces, ¿de otra manera la gente no sería normal? Ya sabemos que el autismo no es una enfermedad sino una condición, pero este tipo de pensamientos, ¿no son síntomas de una enfermedad?

Esta posición de cierta extrañeza frente a la naturaleza humana normal será importante para ahondar en la esencia de los trastornos del espectro autista y reflexionar así sobre la propia comprensión de la normalidad y todo lo que ella implicaría.

Gracias a muchos relatos de personas con autismo, familiares, estudios y diversas investigaciones, hoy podemos decir que el autismo dejó de ser una "muralla impenetrable", una caja dentro de la cual la persona estaba atrapada (al menos esto era lo que se creía hace algunos años), para encontrarnos con múltiples autismos. Por lo tanto, intentar comprender el autismo a través de una escala (o varias), con un listado casi interminable de síntomas o con una única definición, nos limitaría y no nos permitiría producir nuevos conocimientos, ni poder abrir así nuevos sentidos sobre lo que significaría estar "dentro" del continuo autista.

"¿Qué es lo patológico de los TEA?", fue la pregunta con la que el Dr. Miguel Ángel García Coto (2013) abrió su charla en el I Congreso Argentino sobre Síndrome de Asperger. Esta pregunta nos ha hecho pensar durante años, nos ha hecho investigar, y hasta el día de la fecha nos hace entrar en múltiples debates de pensamientos distintos acerca del autismo entre profesionales, maestros y padres.

El autismo como una forma de ser diferente

Tener autismo es una forma de ser diferente. Es otra manera de procesar la información, de vivir, de experimentar los estímulos, las sensaciones, las emociones. Tener autismo no significa que una persona esté imposibilitada de sentir, sino que, justamente, lo hace de otro modo. Entonces el desafío pasa a ser doble: por un lado, las personas con condiciones del espectro autista deben adaptarse a un mundo que no revisa sus principios de tolerancia a la diversidad y, por otro lado, nosotros debemos empezar a replantearnos nuestra concepción acerca de la "diferencia". Más que intentar homogeneizar, hay que aceptar. Comprender esto es fundamental. Al respecto, Thomas Armstrong (2012) sostiene: "Un mundo neurodiverso es un mundo rico. Hagamos lo que podamos para preservar a esos genes aberrantes que hacen que nuestra civilización sea vital, diversa e interesante".

Desde que el Dr. Leo Kanner definió por primera vez el autismo, se han realizado múltiples intentos por entender el enigma de los trastornos del espectro autista. Los primeros profesionales especializados exponían que era un trastorno meramente afectivo. En los años sesenta, algunos psicólogos lo consideraban como un trastorno en el desarrollo del lenguaje.

Las concepciones acerca del autismo como algo indescifrable o sumamente complejo y enigmático, o incluso el hecho de que la persona con TEA se meta en su propio mundo interno para evitar las agresiones del mundo externo, parecieran hoy ser parte de los mitos en relación con el autismo, ya que son posiciones muy distintas de lo que hoy conocemos sobre los TEA.

La revelación de que el autismo es un trastorno del neurodesarrollo con una base neurobiológica ha hecho que las investigaciones más recientes se centren más en los procesos cerebrales, cognitivos y comunicativos subyacentes para intentar explicar la relación existente entre las diferencias cerebrales funcionales y los síntomas nucleares del autismo.

Existen muchas formas de explicar y de comprender el autismo, desde simples y familiares hasta complicadas. En cualquier caso, podemos usar lo que sabemos acerca de las distintas teorías explicativas que se han ido desarrollando para entender algunas hipótesis. Empecemos por explorar los distintos modelos explicativos; luego nos ocuparemos de cómo resolver el enigma.

La teoría de la mente

Entre algunos posibles déficits estudiados, se encuentra la "falla", "carencia" o "incapacidad" de atribuir estados mentales (tales como creer, fingir, suponer, inferir, etcétera) a otras personas o, dicho en otras palabras, la dificultad para predecir y explicar la conducta de otras personas en términos de sus estados mentales (como conjunto de representaciones mentales). ¿Qué queremos decir con esto?

Para poder adentrarnos más a fondo en los estudios acerca de teoría de la mente y autismo, conviene recordar que la expresión "teoría de la mente" es utilizada por la psicología y las neurociencias para designar la capacidad de los seres humanos de atribuir pensamientos, deseos, emociones e intenciones a otras personas.

Una persona con una teoría de la mente "bien desarrollada" debería poder distinguir entre fantasía y realidad, identificar deseos y poder diferenciarlos de las intenciones, reconocer emociones propias, de otros, mentiras, mentiras piadosas, engaños, o incluso tener la capacidad de mentir o engañar a los demás.

"No percibo los sentimientos que no se expresan", dice el protagonista de la película *Mi nombre es Khan*, y con esta frase logra expresar mucho sobre la teoría de la mente.

La teoría de la mente (TOM) suele denominarse también "empatía", en referencia a la capacidad de inferir cómo los demás se sienten en determinada situación (sería como "ponerse en los zapatos del otro").

"Camina un rato con mis zapatos" (proverbio chino).

"Las otras personas se hablan con los ojos", dijo Uta Frith, y con dicha frase explicó cómo sin estados mentales el lenguaje de los ojos, la mirada, el contacto visual no existirían.

Conceptos como "mirada mental" o su antítesis de "ceguera mental" darían cuenta de que la dificultad de compartir estados mentales hace que se vean luego obstaculizados todos los intercambios sociales (empatía, contacto afectivo, comunicación social, comportamientos sociales, etcétera).

Pero, si las personas con autismo no miran lo mismo que muchos de nosotros, ¿qué miran? Muchas han podido dar cuenta de que mirar a los ojos de las personas no les aporta tanta información como mirar, por ejemplo, sus bocas.

¿Qué partes del mundo externo enfoca la persona con autismo? Si no mira al otro, difícilmente vaya a desarrollar códigos sociales comunes que la lleven a adquirir y desplegar habilidades sociales dentro de un mundo puramente social, que se mueve todo el tiempo y que nos obliga a estar siempre atentos. Una persona con autismo estaría atenta todo el tiempo a cómo ocurre cada cambio, a cómo suceden las cosas; por lo tanto, le resultaría difícil ver qué le pasa a la otra persona (empatía).

Durante las últimas décadas, esta hipótesis explicativa ha producido avances importantes en la comprensión teórica de los trastornos del espectro autista (Frith, 2003; Baron-Cohen y otros, 1993; Frith y Happé, 1994). De acuerdo con dicho modelo, las personas con autismo sufrirían de una alteración en su capacidad para entender la naturaleza de las representaciones mentales (de sí mismos y de terceros) y su papel en la determinación del comportamiento de la gente (comprendiendo que la gente actúa según deseos e intenciones). En conclusión, las personas con TEA presentarían dificultades para darse cuenta de lo que piensan, sienten o creen las demás personas.

A través de la teoría de la mente, podemos realizar las siguientes acciones:

- Comprender a las demás personas.
- Atribuir estados mentales a uno mismo y a los otros.
- Reconocer que tales estados no son observables, aunque se pueden inferir o suponer.
- Predecir la conducta de otros individuos.
- Ponernos en su lugar.
- Monitorear las necesidades de los otros.
- Realizar procesos de atención conjunta (señalamiento protodeclarativo: el niño puede saber que él y su madre están mirando la misma cosa).

- Dirigir nuestros propios comportamientos en función de las necesidades de los demás.
- Ser persuasivos (intentar cambiar los estados mentales de las otras personas).

Entonces, si el autismo constituye una ceguera perceptiva para estos principios de teoría de la mente, podríamos entender cómo, muchas veces, el mundo social se les hace ininteligible a gran parte de ellos.

Pero como la variabilidad de síntomas de los cuadros de autismo es muy amplia, sería impensable, hoy en día, generalizar y afirmar las definiciones históricas en relación con el campo de la teoría de la mente (leídas como "falla", "carencia", "ceguera mental" o "incapacidad"). Ya nada en relación con el autismo es visto como todo o nada. Incluso existen muchas personas con autismo o síndrome de Asperger que poseen intactas determinadas habilidades que la teoría más "dura" da por ausentes. ¿Podríamos pensar a la teoría de la mente también dentro de un espectro? Sin lugar a dudas.

Además, la experiencia nos indica que realmente existen muchas dificultades en relación con las habilidades mentalistas; pero estas carencias de mentalización pueden ser compensadas con los distintos tratamientos, a través de la experiencia, el aprendizaje explícito y el entrenamiento específico. Este abordaje estaría íntimamente relacionado con la teoría de las neuronas espejo y el concepto de cerebro social.

Sobre las neuronas espejo y el cerebro social

Se cree que las neuronas espejo participan directamente en la comprensión de las conductas de los demás, interviniendo también en el aprendizaje por imitación y en el procesamiento del lenguaje. Como ya sabemos, la imitación nos permite acceder al mundo mental de otras personas, al mundo social; nos posibilita aprender de aquellos modelos que observamos en el día a día y que después internalizamos para luego repetirlos como acciones apropiadas. Como todas las conductas, las de imitación podrán aumentar o disminuir dependiendo de la consecuencia, es decir, cuantas más veces obtenga un resultado favorable, más quedará en la memoria como una acción que se desencadenará una y otra vez por las neuronas espejo.

La presencia de las neuronas espejo nos demostraría que somos seres sociales. Son las que nos permiten discernir si lo que vemos es funcional o disfuncional, para así establecer lo que se denomina potencial de acción, aquello que nos posibilita entrar en coordinación con el ambiente, es decir que mundo interno y mundo externo estén "en sintonía".

La ciencia ha demostrado que las regiones cerebrales que contienen las neuronas espejo se comunican con el sistema límbico (lo que se denomina el centro cerebral de las emociones), el cual guarda una relación directa con la empatía. Entonces, si recordamos las dificultades que presentan muchas personas con autismo en identificar, atribuir y decodificar emociones propias y ajenas, nos encontramos con una teoría explicativa acerca de los TEA.

La imitación en los TEA, ¿un problema?

Las personas con condiciones del espectro autista pueden imitar comportamientos, acciones; pero, al presentar diversos tipos de dificultades para percibir las emociones en (y de) los demás, podrían no saber cómo hacerlas funcionales. Por lo tanto, no se estaría generando la "retroalimentación" que explicamos anteriormente cuando nos referimos a los cerebros llamados neurotípicos. Esto significa que las personas con autismo no considerarían efectivos dichos comportamientos "para imitar", por lo cual se desarrollaría un cerebro distinto, que no percibiría a los demás seres humanos como fuentes de cooperación, sino muchas veces como obstáculos, lo que explicaría determinadas tendencias al individualismo con un marcado egocentrismo y ensimismamiento.

Este modelo explicaría cómo la mente o el cerebro de las personas con autismo sigue desarrollándose, pero con un "cableado diferente", lo que las lleva a ir creando maneras de hacer las cosas a su forma, y no del modo en que las hacen los otros. Por lo tanto, poseen dificultades para imitar expresiones faciales, lenguaje corporal, vocalizaciones, y se adhieren con fuerza a lo conocido, muchas veces rechazando razonamientos u opiniones ajenas que chocan con un sistema previamente establecido con determinado orden y leyes concretas.

Las nuevas investigaciones

Hoy sabemos que el cerebro social es la suma de los mecanismos nerviosos que organizan nuestras interacciones, de manera que cada vez que nos relacionamos con otro ser humano cara a cara, o voz a voz, o piel a piel, nuestros cerebros sociales se entrelazan.

Nuevos estudios están arrojando luz en el camino hacia el entendimiento de nuestras emociones y comportamientos sociales en general.

COEFICIENTE DEL AUTISMO

Para Simon Baron-Cohen, tener rasgos "autistas" no necesariamente indica la necesidad de un diagnóstico de TEA y de una asistencia terapéutica. La escala sobre el cociente o coeficiente del autismo (CA) publicada por primera vez en 2003 por Simon Baron-Cohen (2004) consta de cincuenta preguntas, y su objetivo principal es determinar el grado en que una persona presenta o no rasgos asociados a las condiciones del espectro autista.

El autor sugiere las opciones de "acuerdo total", "acuerdo parcial", "desacuerdo parcial" o "desacuerdo total" para interpretar los resultados obtenidos al responder los ítems del cuestionario CA. Algunas de las afirmaciones son las siguientes:

- Prefiero hacer cosas con otras personas en lugar de hacerlas solo.
- Me gusta hacer las cosas de la misma manera una y otra vez.
- Me encuentro cómodo en las situaciones sociales.
- Me resulta difícil hacer nuevos ámigos.
- Me gusta coleccionar información sobre categorías de cosas (por ejemplo, tipos de coches, pájaros, trenes, plantas, etcétera).
- Me cuesta imaginarme cómo me sentiría siendo otra persona.

Los resultados totales del CA se podrán interpretar en función de las siguientes puntuaciones:

Cuadro 1

Puntuación	Resultado
0-10	Bajo.
11-22	Media (la media femenina es de 15 y la masculina, de 17).
23-31	Por encima de la media (aquí estarían incluidos los parientes de primer grado con t autista ampliado).
32-50	Muy alto (la media de las personas con síndrome de Asperger o autismo de alto funcionamiento es de 35).

En conclusión, este cuestionario nos muestra de forma clara cómo muchos de los rasgos autistas están distribuidos en la población en general, y esto incluye a personas a las que se les atribuyen otras categorías diagnósticas. Hablaríamos de TEA cuando estos signos y síntomas comienzan a interferir en el desarrollo de una persona (+32).[1]

El cerebro extremadamente masculino

En los últimos años, la ciencia ha logrado establecer con mayor claridad las diferencias entre el cerebro masculino y el femenino. Las diferencias de género parecieran determinar distintas formas de ver, sentir, actuar y pensar.

Ambos cerebros son distintos desde su concepción. La primera explicación, la más clara y razonable, es que todas las células nerviosas tienen un género inscripto en sus genes: XX o XY. Dicha diferencia cromosómica explicaría las especificidades que existen en aquella gran masa de neuronas denominada cerebro.

---

1. Cuestionario disponible en línea: <www.espectroautista.info>.

Simon Baron-Cohen, en su libro *The Essential Difference* (2004), plantea que podríamos agrupar los rasgos más característicos del cerebro femenino y del masculino en relación con dos atributos: la capacidad de sentir empatía (cerebro femenino) y la capacidad de sistematización (cerebro masculino). Estos dos atributos se presentarían en la población de manera muy heterogénea, y existirían personas en las que coincidirían sexo y tipo de cerebro, como así también personas de sexo femenino con un cerebro de tipo masculino, y viceversa. Por lo general, los varones serían mucho más sistemáticos y ejecutivos, y las mujeres más empáticas, comunicativas y sentimentales.

Baron-Cohen añade así otro modelo explicativo sobre el autismo: "el cerebro extremadamente masculino". Según él, las personas que se encuentran dentro del continuo autista tendrían un cerebro extremadamente sistematizador y muy poco empático.

El autor ha diseñado dos cuestionarios (CE y CS) para determinar el grado de empatía y sistematización de una persona:

- Coeficiente de Empatía (CE) (Baron-Cohen, 2004).
- Coeficiente de Sistematización (CS) (Baron-Cohen, 2004).

El resultado de estos cuestionarios permitiría clasificar un tipo de cerebro en cinco categorías, según la relación mantenida entre los dos valores obtenidos al completarlos:

- Tipo E: cerebro de tipo femenino, más empático que sistematizador.
- Tipo S: cerebro de tipo masculino, más sistematizador que empático.
- Tipo B: cerebro balanceado, con los dos valores equilibrados.
- Tipo E extremo: según Simon Baron-Cohen, este tipo de cerebro no está todavía definido.
- Tipo S extremo: el cerebro extremadamente masculino podría apuntar a una manifestación de autismo.

Entre muchas otras funciones, el cerebro es, básicamente, una máquina predictiva encaminada a reducir la incertidumbre del entorno (caos), por lo tanto, muchas de las conductas de las personas con autismo pueden ser leídas desde esta perspectiva.

¿De qué hablamos cuando nos referimos a un cerebro extremadamente masculino? Hablamos de sistematizar mucho con el fin de reducir el caos, disminuir aquella incertidumbre que el mundo exterior le ocasiona a nuestro mundo interno.

El modelo explicativo de la hipersistematización del autismo nos muestra que el mecanismo de la sistematización cerebral sería demasiado alto en las personas con TEA. Un cerebro con dichas características solo podría asimilar sin conflicto aquellos sistemas altamente predecibles, legales –por así decirlo–, pero no podría hacer frente a los sistemas de cambio continuo o alta probabilidad de variación. Dicho modelo explicaría así la adherencia a rutinas y la resistencia a los cambios que presentan muchas personas con autismo.

¿De qué hablamos cuando hablamos de sistematizar o hipersistematizar? Sistematizar consiste en apegarse a un sistema, es decir, seguir metódicamente ciertos pasos, criterios y procedimientos, para alcanzar de manera más objetiva y eficaz determinados propósitos de conocimiento o de investigación, para lograr una tarea o la producción de un objeto, según el caso.

De este modo, la expectativa de la persona con autismo sería la repetición de ciertas secuencias fijas (estereotipias, ecolalias, rituales, autoestimulaciones, "ismos", adherencia a las rutinas), que parecerían darle seguridad porque son patrones que no cambian, no obligan al individuo a configurar nuevos sistemas.

Las estereotipias o autoestimulaciones para nosotros son solo eso, o quizá, siendo más crudos, conductas que parecieran estar desajustadas al contexto; pero para las personas con condiciones del espectro autista, a pesar de que no detectemos la finalidad a simple vista, parecieran significar mucho más. ¿La búsqueda de la coincidencia, de la regularidad, la necesidad de "pegarse" a un sistema, la similitud (agrupar objetos por color, por ejemplo) asegurarían la identificación y comprensión del supuesto sistema?

Las personas con autismo tienen una fuerte necesidad de coherencia y uniformidad. Esto hace que los profesionales que trabajan con niños con condiciones del espectro autista deban siempre individualizar cada una de sus intervenciones.

Podríamos preguntarnos si la mayor preocupación de las personas con autismo sería la búsqueda de coincidencias, y si la falta de estas provocaría la reacción ante cierto desajuste o una explosión conductual por la intolerancia ante lo distinto, porque eso sería lo desconocido: aquello para lo que, de momento, la persona con TEA no estaría preparada.

Hay que saber que la persona con TEA no tiene ausencia de empatía, sino que socializa, empatiza, siente y aprende de manera diferente, tal como venimos explicándolo a lo largo de este libro. Según este modelo explicativo, el autismo podría ser el resultado genético del entrecruzamiento de dos cerebros altamente sistematizadores. No obstante, esta es solo una manera más de intentar comprender los trastornos del espectro autista.

Así como nosotros tratamos de comprender cómo piensa, siente y actúa (entre otras cosas) cada persona con autismo, ellas tienen la necesidad constante de comprender el mundo, un mundo con reglas que no todos cumplen, un mundo "globalizado", pero que cambia constantemente. Sistematizan, piensan todo el tiempo en imágenes con el fin de comprender, darles sentido a las cosas, asir su complejidad.

TEORÍA DE LA COHERENCIA CENTRAL

Esta teoría hace referencia a la forma en que las personas con autismo procesan la información que reciben del medio en función de otros patrones globales de búsqueda que ayudan a dar sentido y coherencia. Frith (2003) se refiere a la dificultad de las personas con autismo para integrar información, lo que les impide tener ideas coherentes y con sentido. Esta teoría explicaría por qué se detienen en los detalles pequeños, muchas veces irrelevantes para nosotros, en vez de ver la imagen completa, la situación general; es decir, verían las partes más que todo el conjunto.

Teoría del déficit de la función ejecutiva

Otra teoría que de algún modo intenta explicar cómo funcionan las personas con trastornos del espectro autista es la del "déficit de la función ejecutiva" (Ozonoff y otros, 1991). Dicha teoría nos muestra los problemas que suelen tener en relación con la función ejecutiva, el manejo y la utilización de la información.

El concepto de función ejecutiva define todo un conjunto importante de habilidades cognitivas que se involucran para mantener un marco apropiado para la resolución de problemas. Las funciones ejecutivas son aquellas que nos permiten, entre otras cosas, establecer metas, hacer uso de la anticipación, la formación de planes y programas, controlar los impulsos y autorregular nuestras tareas con el fin de llevarlas a cabo de manera eficiente y eficaz. Esto significa que el solo de hecho de resolver un problema suscitado en una interacción social, una tarea escolar o actividad de la vida diaria, visto de este modo no parece para nada sencillo, sino que requiere de mucha planificación, organización y autoevaluación, y esa es precisamente, según esta teoría explicativa, una de las debilidades que presentan las personas con TEA.

Es importante tener en cuenta que los distintos modelos explicativos sobre el autismo (los cuales de ninguna manera son teorías excluyentes) responden muchas preguntas (pero no todas) y contienen muchas promesas. No obstante, hay que continuar con nuevas líneas de investigación y permitir que estas avancen constantemente, como así también sus áreas de aplicaciones e influencias, lo que nos llevaría a ser optimistas con respecto al futuro.

Capítulo 7

DIAGNOSTICAR AUTISMO EN LA ACTUALIDAD

Si una persona con un diagnóstico de TEA consigue, no sé si resolver, superar, vencer o la definición que ustedes consideren más adecuada, el diagnóstico de autismo, ¿debemos decir que esta persona ya no tiene autismo? ¿O habrá que buscar otra nueva definición? [...] No sé si podemos ir hacia un futuro de superclasificaciones de los que sí lo superaron y los que no lo superaron. Francamente, solo pensarlo me produce cierto escalofrío.

DANIEL COMIN (2013)

Cuando una pareja está por traer un hijo al mundo, siempre piensa en positivo y, si le preguntan si quieren que su hijo sea varón o nena, la respuesta parece ser siempre la misma, como transmitida de generación en generación: "que sea sanito", responden al unísono.

Los padres procuran siempre lo mejor para que a ese hijo/a no le falte nada y para poder darle todo aquello que ellos mismos no pudieron tener. Desean cuidarlo lo máximo posible tanto dentro del útero materno como cuando nace, para así comenzar a transitar una nueva etapa de la vida: la de ser padres de un hijo al que cargaron, de manera consciente o inconsciente, de sólidos deseos y expectativas, seguramente despreocupados de cualquier diagnóstico que impida u obstaculice un desarrollo pleno. Por eso pocas personas elegirían ser padres de un niño con autismo, aunque cada vez son más las que reciben diagnósticos de autismo en sus niños.

El autismo era un trastorno del neurobiopsicodesarrollo poco frecuente pero, actualmente, existe una epidemia a escala mundial.

Desde el embarazo y después del nacimiento, el cerebro humano sigue evolucionando con el objetivo de permitir una ajustada y "correcta" adaptación al mundo en el que vive el niño. Gracias a determinados procesos como la maduración, la diferenciación y la especialización de las regiones cerebrales, entre otros, cada nuevo ser humano puede ir sintonizando su comportamiento con el funcionalismo o las leyes del mundo.

Vigilancia del desarrollo del niño de 0 a 18 meses

Estamos convencidos de que la principal herramienta de detección es conocer el desarrollo típico en todas sus áreas. Este conocimiento permitirá descubrir retrasos en la adquisición de ciertas conductas y comportamientos no esperables para la edad, así como refutar o darle cauce al universo de dudas que muchas veces se les aparece a los padres frente a un desarrollo distinto al esperado. Los padres tienen un rol importante en la vigilancia del desarrollo infantil, es por eso que a continuación mencionamos algunos hitos evolutivos en el desarrollo neurotípico de un bebé:

- A los *3 meses* de vida, el bebé ya fija su mirada, sostiene la cabeza, realiza seguimientos visuales, logra conciliar mucho mejor el sueño, se interesa por el entorno, aparece la sonrisa social, responde a sonidos del ambiente y a la voz de sus padres, etcétera.
- Desde los *3 hasta los 6 meses* de vida, el bebé se orienta con mayor precisión hacia los sonidos provenientes del entorno, balbucea con intención de llamar la atención y

de dar una respuesta; cuando los padres le hablan; juega con sus pies y manos, reconoce claramente a sus padres y familiares más cercanos; intenta y, en ocasiones, ya logra tomar objetos consolidando una incipiente coordinación óculo-manual; se ríe a carcajadas.

- De los *6 a los 9 meses* de vida, el bebé extraña y llora cuando se van sus padres, estira los brazos cuando lo van a alzar; se anticipa; se esfuerza por alcanzar objetos lejanos; se sienta y se desplaza reptando, gateando, intenta ponerse de pie, aplaude; explora lo juguetes, los manipula y los tira para ver qué hacen, qué sucede y cómo suenan; repite sílabas sueltas; entre otras conductas típicas y esperadas para esta fase del desarrollo.

- Hacia los *9 y hasta los 12 meses*, el bebé explora cada vez más los objetos desconocidos y se los mete en la boca. Si le esconden un juguete, sabe que sigue existiendo y lo busca. Gatea para explorar su entorno. Se pone de pie con ayuda y realiza desplazamientos laterales. Dice "papá" y "mamá"; los busca. Entiende órdenes sencillas y prohibiciones. Provoca la comunicación, tiende a imitar sonidos y gestos.

- Entre los *12 y los 18 meses*, el bebé ya camina solo, se interesa por los demás niños, señala y nombra objetos, conoce las partes del cuerpo. Se identifica en un espejo, se interesa por los cuentos. Incrementa su lenguaje y repite palabras que escuchó.

A lo largo de todas estas etapas, es muy probable que la mayoría de los padres de niños con TEA no observen grandes diferencias evolutivas que determinen que presenta dificultades en su desarrollo, aunque aparecen señales más sutiles.

Pero un día lo esperable en el desarrollo de cualquier bebé no se hace presente o deja de estarlo. Los meses pasan y ese bebé no responde según lo esperado, según lo que todos pensamos que debería ser "normal".

Entonces aparecen en los padres las dudas; algunos les dicen que deben esperar, que cada niño tiene su tiempo, otros les recomiendan que consulten con algún profesional. Un especialista puede decir una cosa, otro puede dar una respuesta totalmente opuesta, pero la realidad es que el niño comienza a comportarse de un modo que desorienta, angustia y deja perplejos a los padres frente a lo que habían construido en su mundo interno: el desarrollo típico.

SEÑALES DE ALERTA. SOSPECHA DE AUTISMO

Los niños y las niñas con alguna condición del espectro autista nacen sin indicadores o marcadores visibles (físicos, biológicos, etcétera) que indiquen la existencia de algún trastorno del neurodesarrollo. Quien tiene una condición del espectro autista desarrolla y manifiesta una específica manera de comprender, expresarse, pensar y actuar que resulta muy diferente de la de la mayoría de las personas sin autismo.

Las señales de alerta que nos indicarían una posible sospecha de autismo empiezan a aparecer en etapas tempranas de la vida, quizá con expresiones claras y manifiestas o de formas más sutiles, que van haciéndose más notorias a medida que el niño va creciendo (véase el capítulo 2, cuadro 1).

DIAGNÓSTICO TEMPRANO DEL NIÑO CON AUTISMO E IMPACTO EN LA CALIDAD DE VIDA DE LAS FAMILIAS

Una familia con su niño/a llega a la consulta con una dificultad, cierto grado de angustia, de sufrimiento. Tanto la familia como el niño y los distintos profesionales a los que cada familia ha consultado tienen su propia manera de ver las cosas, de sentir, de teorizar o de intervenir. Y muchas veces este distinto modo de ver lo mismo confunde a las familias, genera obstáculos más que brindar un efecto tranquilizador.

Si bien se aconseja un abordaje temprano de los TEA, hay que ser cautos, cuidadosos y precisos antes de dar este diagnóstico. Durante las primeras consultas, solo podríamos quedarnos con el nombre de ese niño, considerar su historia vital de desarrollo, su lugar particular en esa familia, su identidad, para ir posibilitando su propia subjetividad, mientras facilitamos el proceso de detección de cualquier trastorno del desarrollo.

Por eso, antes de llegar a un diagnóstico de autismo, se deben seguir varios pasos:

- *Nivel 1*: Se debe realizar una vigilancia del desarrollo (por el médico pediatra o cualquier otro profesional que intervenga en una revisión rutinaria del niño, por ejemplo). Es el momento de identificar señales de alerta para el autismo. Si el niño pasa dicha evaluación, el proceso de diagnóstico se discontinúa, no sigue. Pero si el niño no pasa las pruebas del desarrollo contempladas para dicho nivel, hay que seguir con el proceso de evaluación.

- *Nivel 2*: Se puede considerar el empleo de varias escalas para realizar una evaluación de *screening* en TEA. Unas de las más utilizadas son el CHAT (abreviatura de *Checklist for Autism in Toddlers*), M-CHAT (abreviatura de *Modified Checklist for Autism in Toddlers*), M-CHAT-R/F (*Modified Checklist for Autism in Toddlers* versión revisada), la PRUNAPE (Prueba Nacional de Pesquisa) y la Escala Australiana para el Síndrome de Asperger. Si el niño puntúa positivo para el *screening* de autismo, se lo envía a un próximo nivel; si no, se descarta el diagnóstico.
- *Nivel 3*: Aquí la evaluación ya es con procedimientos diagnósticos más bien específicos, que confirmarán o no el diagnóstico de TEA. Se realiza una evaluación neurológica, se determina el perfil de desarrollo y las necesidades educativas y, de ser necesario, se indican diversos exámenes clínicos.

Si no se llevaron a cabo estos pasos, solo se podría hablar de un diagnóstico "presuntivo".

Numerosas investigaciones han demostrado que las familias son las primeras en darse cuenta de que algo no anda bien en el desarrollo de sus hijos. Cuando nos referimos a los trastornos del espectro autista (TGD, TEA, autismo), esas sospechas se tienen entre los 16 meses y los 3 años de vida, aunque suelen pasar varios meses hasta recibir el diagnóstico acertado.

Justamente es con el paso del tiempo cuando se comienza a observar, algunas veces con mayor claridad y otras no tanto, cómo el desarrollo de los niños con autismo no sigue aquellos patrones evolutivos neurotípicos, sobre todo en áreas como la comunicación y el lenguaje, la interacción social y los patrones de conductas e intereses, lo que incluiría la manipulación y el uso de objetos y juguetes.

La Asociación Americana de Pediatría sugiere tres edades clave en las que debería hacerse mayor hincapié sobre la vigilancia del desarrollo, con el fin de detectar problemas en relación con los patrones evolutivos: a los 9 meses, 18 meses y 24-30 meses.

Con la finalidad de adelantar, por así decirlo, un posible diagnóstico de algún trastorno del espectro autista (detectando ciertas alteraciones en el desarrollo de los niños), se han desarrollado algunas pruebas de *screening* para autismo. Se trata de pruebas o escalas previas a un diagnóstico definitivo que permiten identificar aquellas banderas rojas o señales de alerta que indican que un niño posee una mayor probabilidad de ser portador de una enfermedad o de tener algún tipo de trastorno del desarrollo, como es en el caso del autismo. Estas probabilidades son las que se llaman "riesgo" de poseer una enfermedad o un trastorno. Estas pruebas tienen el objetivo de comenzar a trabajar, de forma temprana y más adecuadamente, cualquier desviación del desarrollo evolutivo en los niños.

Es importante mencionar que si el médico pediatra o el docente sugiere realizar una interconsulta o una prueba de *screening* o de detección no es necesariamente porque el niño vaya a tener autismo. Los instrumentos de *screening* no son cuestionadores que sirvan para establecer de manera definitiva un diagnóstico sino, en todo caso, el medio que permite visualizar cualquier desvío en el desarrollo, para luego tomar o no la decisión de realizar una evaluación de desarrollo más específica.

Si nos centramos en las edades clave de vigilancia del desarrollo, podemos sugerir lo siguiente:

- A los 9 meses, los padres pueden completar el Cuestionario del bebé y niño pequeño, CSBS DP (Wetherby y Prizant, 2002).
- A los 18 meses, los padres pueden completar el Cuestionario modificado para detección de riesgo de autismo, que figura a continuación en este capítulo.

Un niño deberá ser definitiva e inmediatamente evaluado con una escala de *screening* para el diagnóstico de autismo si:

- No balbucea a los 12 meses.
- No hace gestos (señalar, despedirse con la mano, etcétera) a los 12 meses.
- No dice ni una sola palabra a los 16 meses.
- No dice frases de dos palabras (que no sean por ecolalia) a los 24 meses.
- Sufre la pérdida de una habilidad del lenguaje o social a cualquier edad.

Los cuestionarios M-CHAT y M-CHAT-R/F se encuentran validados en muchos países del mundo para poder realizar un *screening* de autismo. El cuestionario de detección temprana revisado para el autismo en niños pequeños (M-CHAT) fue creado en 1999 por Diana Robins, Deborah Fein y Marianne Barton.[1] Fue modificado en 2013 y consta de veinte preguntas.

---

1. El M-CHAT es una versión americana ampliada del original CHAT. Los creadores de este test tienen su propia página de Internet en la que ofrecen una versión gratuita: <www.m-chat.org>.

M-CHAT-R/F - CUESTIONARIO MODIFICADO PARA DETECCIÓN DE RIESGO DE AUTISMO (VERSIÓN REVISADA, 2013)

Cuadro 1

Por favor, responda estas preguntas sobre su hijo. Tenga en cuenta cómo se comporta habitualmente. Si ha visto el comportamiento en su hijo un par de veces, pero él o ella no suele comportarse así, por favor responda que NO. Por favor marque SÍ o NO en cada pregunta.

1. Si Ud. señala algo a través de la habitación, ¿su hijo lo mira? (Por ejemplo, si usted señala un juguete o un animal, ¿su hijo mira el juguete o al animal?)	SÍ	NO
2. ¿Alguna vez se preguntó si su hijo podría ser sordo?	SÍ	NO
3. ¿Su hijo juega simulando hacer cosas? (Por ejemplo, ¿hace que toma de un vaso vacío, hace que habla por teléfono o que alimenta a una muñeca o un oso de peluche?)	SÍ	NO
4. ¿A su hijo le gusta treparse a cosas? (Por ejemplo, muebles, juegos, equipos, escaleras.)	SÍ	NO
5. ¿Su hijo realiza movimientos inusuales con los dedos cerca de sus ojos? (Por ejemplo, movimientos inusuales o extraños delante de su cara.)	SÍ	NO
6. ¿Su hijo señala con el dedo para pedir algo o para pedir ayuda? (Por ejemplo, ¿señala un snack o un juguete que está fuera de su alcance?)	SÍ	NO
7. ¿Su hijo señala con el dedo para mostrarle algo interesante? (Por ejemplo, ¿señala un avión en el cielo o un camión grande en la calle?)	SÍ	NO
8. ¿Está su hijo interesado en otros niños? (Por ejemplo, ¿su hijo mira a otros chicos, les sonríe o va hacia ellos?)	SÍ	NO
9. ¿Su hijo le muestra cosas llevándoselas o levantándolas para que Ud. las vea, no para que lo ayude, sino para compartirlo con Ud.? (Por ejemplo, ¿le muestra una flor, un peluche o un camión de juguete?)	SÍ	NO

10. ¿Su hijo responde cuando lo llama por su nombre? (Por ejemplo, ¿lo mira, habla o balbucea o deja de hacer lo que estaba haciendo cuando lo llama por su nombre?)	SÍ	NO
11. Cuando le sonríe a su hijo, ¿él le devuelve la sonrisa?	SÍ	NO
12. ¿Su hijo se pone molesto con los ruidos cotidianos? (Por ejemplo, ¿su hijo grita o llora con ruidos como los de una aspiradora o música alta?)	SÍ	NO
13. ¿Su hijo camina?	SÍ	NO
14. ¿Su hijo lo mira a los ojos cuando le está hablando, jugando con él o vistiéndolo?	SÍ	NO
15. ¿Su hijo intenta copiar lo que Ud. hace? (Por ejemplo, ¿saluda con la mano, aplaude o hace ruidos graciosos cuando Ud. los hace?)	SÍ	NO
16. Si Ud. gira su cabeza para mirar algo, ¿su hijo mira alrededor buscando lo que Ud. está mirando?	SÍ	NO
17. ¿Su hijo trata de conseguir que lo mire? (Por ejemplo, ¿su hijo lo mira para que lo felicite o le dice "mirame"?)	SÍ	NO
18. ¿Su hijo entiende cuando Ud. le dice que haga algo? (Por ejemplo, si Ud. no señala, ¿su hijo entiende si le dice "poné el libro en la silla" o "traeme la manta"?)	SÍ	NO
19. Si algo nuevo sucede, ¿su hijo mira su cara para saber cómo se siente Ud.? (Por ejemplo, si su hijo siente un ruido extraño o gracioso, o ve un juguete nuevo, ¿él mira su cara?)	SÍ	NO
20. ¿A su hijo le gustan las actividades de movimiento? (Por ejemplo, hamacarse o jugar a rebotar en las rodillas de Ud.)	SÍ	NO

Cabe aclarar que la presencia o ausencia de las conductas reflejadas en este instrumento nos van a ayudar a tomar la decisión de realizar el seguimiento más específico y detenido del desarrollo de un niño y, en todo caso, hacer una evaluación diagnóstica más especializada (ADI-R o 3Di y ADOS-2) de forma paralela.

Un desarrollo neurodiverso, "atípico", nos obliga a salir de aquel constructo sobre el desarrollo de lo "esperable", el camino de lo previsto. Cada familia lo hará a su tiempo, a distintas velocidades, porque no deja de ser un proceso de angustia largo, un duelo del hijo no nacido, un pensamiento causal inicial que frente a un "problema" nos lleva a buscar una solución. Es realmente un gran golpe para los padres encontrarse de repente frente a este diagnóstico tan temido llamado "autismo". Recibirlo puede incluso hacer tambalear la realidad de un padre pero, una vez que pasa la conmoción inicial, para muchas familias llega la claridad en aquel camino oscuro que al comienzo solo estaba lleno de preguntas sin ninguna respuesta.

Una familia, al obtener un diagnóstico y una explicación sobre lo que le ocurre a aquel hijo que llevaron a una consulta médica o psicológica, experimenta sentimientos de alivio y tranquilidad. Han comprobado que sus preocupaciones tenían fundamento y no eran producto de su imaginación. No obstante, más allá de este alivio inicial, la aceptación del diagnóstico recibido requerirá de tiempo, paciencia, y supondrá un proceso lleno de altibajos emocionales que son esperables en este proceso de aceptación. Pueden así aparecer diversas emociones, totalmente contrarias, que van y vienen, como si de un duelo se tratara: desde la negación total, pasando por sentimientos de ira, resentimiento y depresión, mucha angustia, hasta llegar finalmente a la aceptación, cuando cada familia se encuentra con el amor en su totalidad.

Según las familias que tienen un hijo con TEA, los primeros momentos tras recibir el diagnóstico son los más difíciles sin lugar a dudas, pero con el tiempo, los apoyos, los tratamientos y las orientaciones adecuadas la mayoría de los padres se van sintiendo mejor. Un texto interesante para recomendar a los padres luego de recibir el diagnóstico de TEA en alguno de sus hijos es el *Manual de los 100 días* de Autism Speaks (2008). Contiene información y recomenda-

ciones que han sido reunidas por expertos en el tema y por
padres de niños con autismo. Se basa en un plan semanal
de los cien días después de haber recibido el diagnóstico.
Vale la pena leerlo.

DIAGNÓSTICO TEMPRANO = MEJOR PRONÓSTICO PARA EL AUTISMO

Como ya sabemos, el autismo es una condición altamente
variable: no hay dos niños iguales y, al estar más cerca del desarrollo neurotípico, algunos solo poseen desviaciones sutiles en su desarrollo. Por lo tanto, un tratamiento adecuado
para el autismo debe incluir el diagnóstico específico para
así poder diseñar un tratamiento apropiado para cualquier
condición asociada a los trastornos del espectro autista.

Afortunadamente, los avances de la ciencia, la psicología
y la medicina en general hicieron que hoy en día se nos permita contar con más y mejores herramientas de evaluación
para el diagnóstico de autismo.

Recibir el diagnóstico de forma temprana les brinda
a los padres la oportunidad de comenzar a actuar de manera precoz, lo cual le otorga a cada niño una mejor oportunidad de fortalecerse frente a las demandas del medio.
Cuanto más pronto se haga el diagnóstico más temprano
será el tratamiento, y cuanto más rápido se comiencen los
respectivos tratamientos mejor será el pronóstico, ya que
está ampliamente demostrada la importancia de los abordajes tempranos en la mejora del pronóstico de los niños
con alteraciones en el desarrollo. Los aprendizajes que se
generan en edades tempranas son más naturales, más fácilmente generalizables, y se integran de un mejor modo
en el repertorio de habilidades con que cuenta cada niño.
Por eso decíamos que el abordaje terapéutico temprano es
sumamente importante para aquellos niños con alguna alteración en su desarrollo típico o con riesgo de padecerla.

Es necesario destacar la importancia de la plasticidad neuronal en atención temprana para el autismo. El cerebro no es absolutamente estable, en él pasan cosas. Este proceso de desarrollo y de cambio continuo se denomina plasticidad neuronal o neuroplasticidad. Es la capacidad de las células del sistema nervioso central para cambiar su propia organización y funcionamiento después de estar sujetas a influencias patológicas, ambientales o del desarrollo, incluyendo algún tipo de trastorno, síndrome o enfermedad. De esta manera, el cerebro se adapta a los cambios sufridos y lleva a cabo distintos procesos de adaptación, como la creación de nuevas conexiones entre neuronas o la regeneración de neuronas afectadas.

La plasticidad neuronal se encuentra en su máxima potencia en edades tempranas del desarrollo de los niños, por lo que una intervención terapéutica temprana en los primeros años de vida del paciente con autismo va a ser decisiva para optimizar su desarrollo posterior.

Cuando se trata de autismo, después de establecer el diagnóstico, hay que conocer profundamente a cada niño (con sus fortalezas y necesidades) para poder sugerir o indicar el tratamiento más acorde al perfil individual de cada uno.

La mayoría de los padres que hemos conocido ya habían podido identificar las primeras señales de alerta en el desarrollo de sus hijos antes de consultar con un especialista. Algunos relatos de padres y familiares nos acercan quizá las mejores observaciones para seguir por el camino del diagnóstico temprano en autismo:

- "Yo me di cuenta de que mi hijo tenía algo raro cuando tomaba la teta y no me miraba a los ojos".
- "Alineaba todo, autitos, monedas, no jugaba como yo esperaba que lo hiciera".
- "No respondía al nombre, ni al no, ni a nada; pensábamos que era sordo".

- "En el jardín nos decían todo el tiempo que se aislaba, que no respondía a las consignas".
- "Era un bebé tan tranquilo, al punto que nos llamaba la atención que no llorara por nada".
- "Lloraba por todo, no sabía qué le pasaba. Al principio pensaba que eran cólicos, después que tenía hambre, hasta que acepté que quizás era berrinchudo, pero los berrinches continuaban y continuaban".

El autismo posee un lenguaje, habla por sí solo. Hay que empezar a perderle el miedo para así comenzar a verlo e interpretar aquellas primeras señales que nos va dando, con el fin de ayudar a nuestros niños de manera temprana, con aquellas herramientas más útiles para propiciar el desarrollo.

Si bien consideramos el diagnóstico temprano como algo esencial, lo primero que se debe hacer es aprender sobre autismo tanto como sea posible. Hoy en día, gracias a todos los avances en relación con la materia, existe todo un mundo de información disponible sobre los tratamientos del espectro autista y la importancia de su detección temprana. Dichos avances en las investigaciones son propulsados e impulsados, en su mayoría, no solo por profesionales dedicados al mundo del autismo, sino principalmente por los padres de niños con ese diagnóstico. Por lo tanto, es tarea de cada familia que ya cuenta con diagnóstico y de todos los profesionales y las instituciones dedicadas a los trastornos del espectro autista informar a otras, crear nuevas redes de apoyo y contención con el fin de detectar más tempranamente y ofrecer ayuda a nuevas familias que están recién comenzando con este arduo camino hasta llegar al diagnóstico.

Todas las familias que comienzan por este proceso diagnóstico deben buscar información, educarse, leer sobre los trastornos del espectro autista, consultar con profesionales especializados en TEA, no quedarse con dudas y siempre solicitar las ayudas que se precisen.

Es fundamental que cada nueva familia que recibe un diagnóstico de autismo para alguno de sus hijos se contacte con otros padres que estén bien informados y que se encuentren en la misma situación. Poder informarnos en tiempo y forma, sin esperar demasiado ni tampoco desesperándonos, nos deja ver las alternativas reales que tenemos para poder ayudar a nuestros hijos y nos da poder para tomar decisiones y acciones informadas.

Lo más importante es entender los trastornos del espectro autista, ya que cualquier intervención –sea educativa, terapéutica o psicoeducativa– partirá del conocimiento y la comprensión del tema.

Algunas décadas atrás, el autismo solía ser considerado un diagnóstico sin esperanza. Pero con todo el conocimiento que actualmente existe sobre las condiciones del espectro autista y por cómo ha evolucionado la forma de abordar terapéuticamente a los niños que presentan un diagnóstico de TEA, podemos confirmar que hoy en día estamos muy lejos de aquel pasado oscuro que no visibilizaba un buen camino. Los niños que en la actualidad reciben este diagnóstico tienen muchas más esperanzas y posibilidades, por así decirlo, que aquellos diagnosticados, por ejemplo, hace veinte años; no solo porque la ciencia ha avanzado años luz, sino porque los padres tienen mucha más información al alcance de sus manos como para empezar a ayudar a sus hijos de manera inmediata y propicia.

Hace quince años, no sabíamos ni la mitad de lo que hoy conocemos sobre el autismo. Si bien aún necesitamos aprender y vamos a seguir aprendiendo sobre los TEA y los desafíos con los que este diagnóstico nos enfrenta, hoy ya se han abierto nuevos horizontes, esperanzas y oportunidades para estos niños, sus familias y sus entornos. El autismo nos enfrenta a todos al desafío de seguir aprendiendo.

Como ya vimos, llegar al diagnóstico de autismo no es una tarea fácil. Tampoco lo es encontrar el tratamiento más adecuado, pues se precisan muchos años de continuo esfuerzo y compromiso. Pero si los padres y los profesionales nos unimos con el objetivo de mantenernos informados, percibiendo cada cambio, reforzando lo positivo, para así ir rediseñando las estrategias de intervención y darnos apoyo mutuamente, podemos confirmar que es una de las experiencias más gratificantes del mundo, sobre todo cuando el amor de los padres hacia sus hijos se siente y se percibe más allá de todo, superando cualquier obstáculo en el camino.

Los objetivos de la evaluación diagnóstica de los trastornos del espectro autista son varios. Además de realizar un diagnóstico acertado de forma temprana buscaremos también detectar, si es que las hay, enfermedades genéticas, neurometabólicas, anomalías cerebrales (que se pueden descubrir mediante neuroimágenes), trastornos psiquiátricos o cualquier tipo de comorbilidad asociada. Será importante también realizar un diagnóstico diferencial (ya que hay muchos otros trastornos del neurodesarrollo que presentan manifestaciones iniciales similares a las de los TEA), evaluar las necesidades de la familia y realizar las recomendaciones educativo-terapéuticas individualizadas.

No contar con un diagnóstico acertado, recibido en tiempo y forma, ni con la estimulación educativo-terapéutica adecuada puede afectar aún más y seriamente el desarrollo de un niño, su maduración neuronal, social y psicoafectiva. Por eso es sumamente necesario aprovechar la plasticidad cerebral infantil, ya que es vital para potenciar el adecuado desarrollo posterior.

Una consulta a tiempo, una adecuada intervención y un buen seguimiento por parte de profesionales especializados ayudarán mucho a mejorar el desarrollo de los niños con autismo, como así también su calidad de vida. Sin embargo, nunca es demasiado tarde para comenzar.

Figura 1
Beneficios de la detección y atención temprana

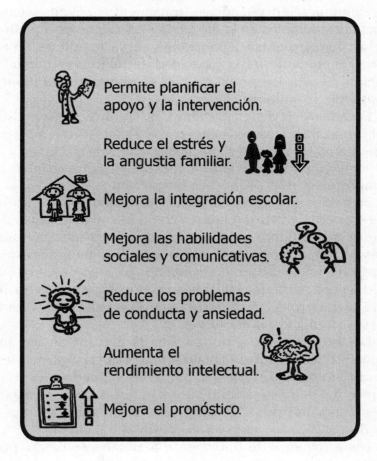

- Permite planificar el apoyo y la intervención.
- Reduce el estrés y la angustia familiar.
- Mejora la integración escolar.
- Mejora las habilidades sociales y comunicativas.
- Reduce los problemas de conducta y ansiedad.
- Aumenta el rendimiento intelectual.
- Mejora el pronóstico.

¿ES POSIBLE HABLAR DE PREVENCIÓN EN AUTISMO?

Si bien no existe una cura o prevención para el autismo, hay muchos aspectos importantes que se deben considerar para la reducción de sus síntomas, tales como los tratamientos psicoeducativos; los abordajes relacionales (*floortime*, *son-rise*), de terapia ocupacional con abordaje de integración sensorial, neurolingüística y demás terapias de comunicación y lenguaje; tratamientos cognitivo-conductuales; cambios en la dieta o la medicación de aquellos niños que presentan alteraciones en su conducta, entre otros. El aumento de la capacidad del niño para comunicarse y reducir los problemas de comportamiento puede disminuir los síntomas del autismo.

En la mayoría de los pacientes, la sintomatología autista presenta una buena evolución con el diagnóstico temprano y un tratamiento precoz adecuado. Las investigaciones y la experiencia clínica nos indican que cuanto antes se inicie la terapia mejor es el pronóstico del paciente.

Debemos ser capaces de identificar cualquier condición del espectro autista tan pronto como sea posible, antes de que aparezcan síntomas más notorios que obstaculicen aún más el desarrollo infantil. Un diagnóstico temprano que tenga en cuenta todo lo mencionado a lo largo de este capítulo no nos permitiría evitar el autismo, pero sí el hecho de que se desarrolle la sintomatología autista de manera completa y de una forma más dura.

Entonces, lo más importante en la prevención del autismo probablemente sea realizar una correcta vigilancia del desarrollo de nuestros hijos, perderles el miedo a los trastornos del neurodesarrollo informándonos cada vez más y mejor para que, de ser necesario, accedamos cuanto antes a un diagnóstico acertado y a sus posibles tratamientos.

Los programas de tratamiento temprano se basan, por un lado, en la detección precoz de los TEA y, por otro, en la precocidad de la intervención, con el objetivo de que las alteraciones del desarrollo observadas no deriven a futuro en una dificultad mayor.

El punto más importante que queremos destacar es que todos los niños con autismo tienen potencial para mejorar y seguir creciendo, y así acercarse así lo más posible a un desarrollo pleno. El autismo es tratable, pero es importante encontrar a los profesionales adecuados, el diagnóstico y las intervenciones tempranas, como así también una educación apropiada para las necesidades educativas especiales de los niños que presentan alguna condición del espectro autista, tan pronto como sea posible.

Por lo tanto, uno de los objetivos más importantes para mejorar el pronóstico de estos niños será el de realizar aún más campañas de difusión en relación con las primeras manifestaciones del autismo, con el fin de mejorar la detección, de aprender a visibilizar lo más rápido posible aquellas dificultades que presentan algunos niños en su desarrollo, para que reciban intervenciones especializadas, como apoyo educativo y terapéutico, en el menor tiempo posible.

CAPÍTULO 8

EL AUTISMO EN LOS MEDIOS

> Yo no sé contar chistes ni hacer juegos de palabras porque no
> los entiendo. He aquí uno, a modo de ejemplo: [...] El capitán
> dijo: "¡Arriba las velas!", y los de abajo se quedaron sin luz.
> Sé por qué se supone que es gracioso. Lo pregunté.
> Es porque la palabra velas tiene dos significados [...].
> Si trato de decir esta frase haciendo que la palabra signifique
> dos cosas distintas a la vez, es como si escuchara dos piezas
> distintas de música al mismo tiempo, lo cual es incómodo y
> confuso, no agradable como el ruido blanco. Es como
> si dos personas te hablaran a la vez sobre cosas distintas.

MARK HADDON, EL CURIOSO INCIDENTE DEL PERRO A MEDIANOCHE

Así como el autismo afecta la forma en que una persona interpreta su entorno, la información no apropiada sobre los trastornos del espectro autista por parte de los medios nos puede afectar terriblemente a quienes la recibimos.

Podemos mejorar la calidad de vida de las personas con TEA no solo con un diagnóstico temprano, una educación e intervención especializadas y adecuadas al perfil de cada paciente, sino también con los recursos sociales, de comunicación y comunitarios que necesiten para participar en la sociedad.

A través de los medios de comunicación se puede informar de forma inapropiada, desinformar o bien, por lo contrario, sensibilizar a la sociedad sobre los trastornos del espectro autista, la importancia de la detección precoz, cómo intervenir desde casa, el entorno escolar y otros contextos. Por eso, cuanto mejor estemos informados sobre lo que implican los trastornos del espectro autista, mejor será la transmisión de dichos conocimientos.

Los objetivos específicos de esta sensibilización que buscamos a través de los medios implican las siguientes cuestiones:

- Abrir la conciencia.
- Crear espacios de debate.
- Fomentar nuevas líneas de trabajo.
- Arribar a una mejor comprensión del autismo.
- Conocer buenas prácticas para su tratamiento y para la detección de las herramientas adecuadas en el diagnóstico.
- Promover acciones que impliquen a la comunidad entera.
- Favorecer los procesos de integración e inclusión escolar, social y laboral.
- Conocer espacios terapéuticos para la derivación de casos.

Los siguientes son ejemplos de un uso inapropiado de la palabra "autismo" en los medios de comunicación:

- "Con una política autista se enfrentan a la crisis."
- "Un hermano es normal y el otro es autista."
- "El autismo instaurado como sistema político."
- "Me asombra el autismo de los políticos."

Sería más adecuado, en cambio, emplear palabras como "aislamiento", "desvinculación", "desinterés", "incomunicación", "indiferencia", "impasibilidad".

Utilizar los términos "autista" o "autismo" como si fueran un insulto hiere la dignidad de un colectivo de personas y sus familias; por lo tanto, es discriminatorio. Como profesionales y familiares debemos seguir trabajando para emplear el uso positivo de la palabra "autismo" en los medios de comunicación. Por eso, la Organización de las Naciones Unidas instó a la población de todo el mundo a eliminar los prejuicios que discriminan a las personas con autismo u otras discapacidades, y a crear sociedades justas y solidarias que permitan que todos sus integrantes gocen de sus derechos con dignidad. La sociedad debe proporcionarles respeto, aceptación, seguridad, oportunidades y afecto.

EL AUTISMO EN EL CINE

Son muchos los actores y las actrices que, a lo largo de la historia del cine, han interpretado personajes con condiciones del espectro autista o con síndrome de Asperger. Dichas interpretaciones constituyen realmente un verdadero espectro de representaciones acerca del autismo.

Hay una gran cantidad de películas que tratan este tema desde miradas documentales, médicas, o incluso desde el núcleo mismo de las problemáticas y particularidades de las personas con TEA, con los claroscuros de esta condición y animándose a penetrar en su universo particular y en sus vínculos familiares.

Algunas películas recomendables son las siguientes:

- *Temple Grandin.*
- *Rain Man.*
- *Adam.*
- *Forrest Gump.*
- *Mozart y la ballena.*
- *El pozo.*
- *House of Cards* (*El secreto de Sally*).
- *Ben X.*
- *Autism: The Musical* (*Autismo: el musical*).

- *Mi hermanito de la luna.*
- *Mary & Max.*
- *María y yo.*
- *Mi nombre es Khan.*
- *Ocho pasos adelante.*
- *Superbrother* (*Superhermano*).
- *The Story of Luke* (*La historia de Lucas*).
- *The United States of Autism* (*Los Estados Unidos del autismo*).
- *Václav.*
- *White Frog* (*Rana blanca*).
- *Autism Is a World* (*El autismo es un mundo*).
- *Touch of Truth – Cries from the Heart* (*Verdad oculta*).
- *A Mother's Courage (The Sunshine Boy)* (*Madre coraje*).

ROMPIENDO LA "BURBUJA" DEL AUTISMO

En 2008, la Asamblea General de las Naciones Unidas declaró por unanimidad el 2 de abril como el Día Mundial de Concienciación sobre el Autismo. A partir del año 2007, cada 18 de febrero, también se conmemora el Día Internacional del Síndrome de Asperger.

Estas fechas vinieron a hacer luz sobre muchas necesidades de las familias de personas con autismo y síndrome de Asperger. Se requería y se requiere urgentemente una mayor concientización social sobre lo que implican los TEA, para que sus derechos sean una realidad a lo largo de su vida: desde el diagnóstico hasta el tratamiento y la educación adecuados, adaptados a cada etapa del desarrollo, el empleo durante la edad adulta y el adecuado cuidado que deben recibir cuando sean ya mayores.

Más allá de las fortalezas y necesidades que tienen las personas con condiciones del espectro autista, podemos observar en ellos una dificultad añadida: el autismo no se manifiesta a través de rasgos físicos, sino a través de su comportamiento. Esto hace más difícil su inclusión social, ya que, al ignorar la sociedad qué les sucede, cómo ven la vida, cómo procesan los diferentes estímulos que reciben del medio, cómo se relacionan con su entorno, se naturaliza la exclusión y esto trae aparejado el sufrimiento.

El autismo, a pesar de ser más común de lo que se piensa, sigue siendo una discapacidad invisible, y se convierte en un potenciador de la exclusión social en los distintos ámbitos. Por eso son sumamente necesarios los medios de comunicación, múltiples campañas gráficas y audiovisuales que brinden información apropiada para que el conocimiento de la sociedad sobre la realidad de los autismos sea cada vez mayor y de mejor calidad.

Romper la burbuja que rodea a las personas que poseen alguna condición del espectro autista es una acción que debe llevarse a cabo desde varios ámbitos, entre ellos, los medios de comunicación.

El autismo existe los 365 días del año, pero el 18 de febrero y el 2 de abril la sociedad está llamada a conocer un poco más sobre los TEA. Con estas fechas se convoca a una mayor participación social, para así fomentar la inclusión social de estas personas. Rompamos juntos la burbuja del autismo.

Capítulo 9

SÍNDROME DE ASPERGER Y OTROS TEA DE ALTO FUNCIONAMIENTO

Todo depende del modo en el que mires las cosas.
Una vez que entiendas cómo piensan y cómo ven el mundo,
aquello que un día parece una discapacidad otro día puede ser
un talento o un don.

PETER SZATMARI, 2004

¿Cuál es la naturaleza del síndrome de Asperger? ¿Existe realmente una diferencia con los trastornos del espectro autista? ¿Es lo mismo hablar de autismo de alto funcionamiento y de síndrome de Asperger? Y si no, ¿qué los diferencia? Estas suelen ser preguntas que escuchamos o nos hacemos a diario. A lo largo de este capítulo, trataremos de encontrarles posibles respuestas.

Lo que sabemos con seguridad es que actualmente tanto el síndrome de Asperger como el autismo dejaron de ser trastornos "generalizados" del desarrollo, dado que, en el contexto de un diagnóstico médico o psicológico, esa palabra hacía hincapié en que muchas o bien todas las áreas del desarrollo se encontraban afectadas, lo cual no es así.

El síndrome de Asperger (SA) es un trastorno del desarrollo, de base neurobiológica, que afecta el funcionamiento social y el espectro de actividades e intereses de una persona. Debido a que el SA perjudica el neurodesarrollo, presentando como déficit nuclear el trastorno de la cognición social, vale aclarar que comparte características con los problemas del desarrollo de los trastornos del espectro autista.

En el DSM-IV se establecían diferencias puntuales entre el trastorno autista y el síndrome de Asperger. Se consideraba que las personas con síndrome de Asperger pertenecían a una especie de subconjunto dentro del gran conjunto de los trastornos "generalizados" del desarrollo por presentar características semejantes a los autismos, sobre todo en relación con las áreas del desarrollo que se encontraban afectadas (socialización, comunicación y lenguaje, conductas e intereses estereotipados y restringidos). No obstante, se lo diferenciaba del autismo por presentar afectaciones más "leves" en dichas áreas, por poseer habilidades cognitivas normales o incluso superiores a la media, y por haber desarrollado el lenguaje oral en el tiempo esperado (a edades evolutivas normales e incluso, muchas veces, con un nivel discursivo por encima de lo esperado para la edad, cargado de alto contenido "teórico" y con mucho vocabulario). Sin embargo, a pesar de esa adquisición del lenguaje "a tiempo", parecieran no utilizarlo de forma "socialmente adecuada" al cien por ciento.

Además de estas características, las personas con SA poseen un aspecto normal (al igual que las personas con autismo, no presentan rasgos físicos que las diferencien del resto); frecuentemente tienen alguna habilidad especial en áreas más bien restringidas, pero manifiestan dificultades para relacionarse con los demás y, en ocasiones, también comportamientos desajustados que las hacen parecer maleducadas o carentes de emoción (esto se relaciona con las dificultades puntuales en todo lo referido a la teoría de la mente).

Cuando el cartero ha entregado las cartas del número 20, una chica camina directo hacia él. La familia se ha instalado hace poco y él siente curiosidad por los nombres y antecedentes de los nuevos ocupantes. Antes de que él pueda decir "buenos días", ella le dice: "¿Te gustan las Deltics?". Confundido por la relevancia de esta cuestión, el cartero piensa si una Deltic será una nueva barra de chocolate o una serie televisiva. Antes de que él pueda replicar, ella dice: "Son los trenes diesel más potentes. El tren de las 2:30 desde Kings Cross es una Deltic, yo tengo 27 fotografías de las Deltics". El cartero se tranquilizó al ser ilustrado sobre el tema de conversación, aunque la relevancia para él a esta hora del día no fuera muy aparente. La chica procedió a lanzarse a una descripción de las cualidades de esta extraña locomotora. Ella no estaba nada interesada en los pensamientos de él acerca de tales trenes y parecía obviar las señales de que él debía continuar con el reparto. Por consiguiente, tuvo que ser un poco brusco, interrumpiendo su monólogo con un rápido "adiós" para poder escapar. Estaba desconcertado, ¿por qué esa excéntrica chica sabía tanto acerca de los trenes?, y se alejó pensando: "¿Por qué ella pensó que yo estaba interesado en los trenes?". Ella lo perseguía y continuaba interrumpiéndolo. ¿Podría hablar sobre otros temas? Parecía una enciclopedia andante. Esta escena ficticia es la típica de un encuentro con un chico con el síndrome de Asperger. Una carencia de habilidades sociales, una limitada habilidad de tener una conversación que sea recíproca y un intenso interés en temas muy concretos son el núcleo de las características de este síndrome (Attwood, 2002).

Un pensar, un sentir y un modo de ver distintos

El pensamiento de los individuos con SA es lógico, concreto y muy sistemático, entre otras características. Estas personas presentan ciertos rasgos en común pero, no obstante, cada una es única y no podríamos encontrar una sola definición para referirnos a todas ellas.

Al igual que el autismo, el SA no es una enfermedad. No se cura, pero se puede mejorar el perfil de fortalezas, conductas, potencialidades, habilidades sociales y comunicativas y capacidades personales de cada individuo con determinados tratamientos específicos. Sin embargo, será algo con lo que, generalmente, habrá que convivir siempre, de ahí la importancia de que tanto ellos como el resto seamos capaces de conocer y aprender más sobre el síndrome de Asperger y los trastornos del espectro autista en general.

Cuando hablamos de Asperger, nos referimos a personas que poseen un buen nivel de comprensión acerca de situaciones sociales aprendidas, pero que, sin embargo, ante hechos inesperados, pueden reaccionar de manera inadecuada. Algunos autores refieren que el perfil de habilidades sociales en niños con autismo incluye ensimismamiento, aislamiento o acercamientos sociales demasiado rígidos, mientras que las personas con síndrome de Asperger presentarían un mayor rango de intereses sociales y motivación para la interacción, si bien estos acercamientos suelen darse mediante formas más bien raras, excéntricas, muchas veces con presencia de conversaciones monotemáticas (en las cuales la persona con SA habla de un tema que le resulta de interés), verborragia y conductas de tipo restringidas o estereotipadas.

Muchos especialistas sostienen que en el SA existen sobre todo problemas relacionados con las conductas adaptativas, especialmente los referidos al autocontrol, la frustración, el control de los impulsos, el manejo de la ira y los estados de ánimo en general.

En los últimos tiempos, con la aparición del DSM-V y algunas nuevas corrientes, la visión sobre el síndrome de Asperger y los trastornos del espectro autista ha cambiado radicalmente, desde su comprensión hasta sus modelos de intervención. Según este nuevo enfoque, el diagnóstico de TEA debería prevalecer por el de síndrome de Asperger, es decir que aquellas personas que presentaban características dentro de lo que se hubiera denominado un diagnóstico de síndrome de Asperger estarían también dentro de este gran espectro del autismo, que implica una mayor variabilidad de los síntomas y sus expresiones en cada una de las áreas afectadas. Se trata, a partir de ahora, de un síndrome de Asperger situado en el amplio abanico del espectro del autismo. Una manera de entenderlo mejor sería ubicar todos los TEA en una misma línea, en la cual el autismo más clásico definido años atrás por Kanner se encontraría en un extremo y el síndrome de Asperger, definido por Hans Asperger, en el otro.

Este cambio de paradigma intenta buscar una nueva forma de entender y afrontar los TEA (incluyendo dentro de este gran paraguas a las personas a las que, hasta hace poco tiempo, se las hubiera diagnosticado bajo el nombre de síndrome de Asperger), tanto desde el punto de vista terapéutico como educativo.

Podría decirse que hoy se está empezando a entender mejor a las personas con SA, con una visión más real sobre cómo incide este síndrome en ellas, sin considerarlas personalidades excéntricas o genios "peculiares" y comparándolas con figuras como las de Albert Einstein o Steve Jobs (a quienes se los ha asociado al SA sin que siquiera hayan recibido este diagnóstico).

Como actualmente sigue existiendo una imagen de la persona con autismo como alguien que aún no ha desarrollado el lenguaje (no verbales), con presencia de conductas problemáticas (heteroagresivas o autoagresivas) y con mucho ensimismamiento y aislamiento social (a pesar de que esto solo sea cierto en un grupo pequeño y concreto dentro del espectro autista), resulta difícil vincular el SA a los TEA para muchas familias, profesionales especializados en SA o incluso para muchas personas que han recibido diagnóstico de SA, que cuentan con dicha información y que poseen una gran capacidad de entendimiento sobre lo que les pasa. No obstante, esto podría suceder si visibilizamos que, dentro del inmenso espectro del autismo, existen todo tipo de perfiles.

A diario se acercan a nuestros consultorios muchas familias que han averiguado a través de Internet u otros medios sobre el síndrome y creen que sus hijos pueden tenerlo o que han sido derivadas por algún profesional que tiene una sospecha de que el chico tiene síndrome de Asperger "leve" o "rasgos" de Asperger, como si fueran parte de un autismo más "amigable". Conviene destacar que esta "levedad" no debería ser evaluada ni juzgada en relación con lo que se observa o con quien se lo compara (las personas más afectadas), sino que deberían tenerse en cuenta sobre todo componentes tales como el nivel de la autoconciencia y el sufrimiento de cada persona y su familia.

Los niños con Asperger no suelen ser diagnosticados en edades tempranas sino, por lo general, cuando comienzan la escuela (aproximadamente desde los 5 años hasta que son adultos mayores), a diferencia de los niños con autismo, que pueden ser diagnosticados a los 18 meses. La explicación de dicha "tardanza" en recibir el diagnóstico sería que las mismas manifestaciones no difieren cualitativamente de aspectos propios de cualquier individuo sin SA, sino que la diferencia está en la expresión exagerada de muchas de las características (problemas para la interacción social y falta de flexibilidad en la conducta y de pensamiento, entre otras), hasta el punto de interferir en la vida diaria de la persona con SA. Los síntomas en niños muy pequeños pueden ser más sutiles y, en contextos como la familia y la escuela, pueden ser vistos como características de personalidad o aspectos inmaduros en los que habría que trabajar desde la educación.

Algunas investigaciones han puesto en evidencia que el cuadro de los trastornos del espectro autista cambia a lo largo del tiempo, pues un niño puede ser diagnosticado de autismo o autismo de alto funcionamiento y, luego de haber recibido tratamiento y a lo largo de su vida, ser diagnosticado con síndrome de Asperger (Attwood, 2002; Gillberg, 2002).

Algunas corrientes teóricas y comunidades de padres, incluso comunidades "aspies" (donde se congregan varias personas con SA y se autodenominan de esta manera), consideran estas manifestaciones (que indicarían un posible diagnóstico de SA) más como rasgos de personalidad o como una forma de ser que como una manifestación patológica que necesitaría de un determinado abordaje terapéutico.

Muchas personas con SA se caracterizan por tener un pensamiento más bien literal y concreto, manifiestan una fuerte obsesión en determinados temas, una excelente memoria y un comportamiento "excéntrico", pero pueden vivir de forma independiente, mantener un trabajo y formar una familia.

Las diferencias clave con el autismo son que la inteligencia suele ser normal o superior en las personas con síndrome de Asperger al igual que la adaptación al medio, los niveles de expresión verbal son más altos, entre otras características. En el SA pareciera ser más evidente la incoordinación o torpeza motora, mientras que en el autismo lo más llamativo suelen ser las conductas estereotipadas.

No podríamos asegurar si el síndrome de Asperger es parte o no del espectro del autismo, ni tampoco si el síndrome de Asperger también posee un espectro Asperger, pero lo que podemos afirmar es que, si una familia acudió a la consulta y recibió el diagnóstico de autismo o de síndrome de Asperger para alguno de sus integrantes, es porque realmente existen determinadas conductas que dificultan un desarrollo pleno, y a raíz de eso seguramente será necesario indicar un tratamiento.

Más allá de cada diagnóstico, antes de la "etiqueta" hay una persona, con una determinada personalidad y subjetividad, un particular modo de procesar la información proveniente del medio externo e interno, y una manera de sentir y ver las cosas que no por ser peculiares deben de ser juzgadas. Eso es lo más importante. Por eso hay que tener siempre presente que cada tratamiento debe estar centrado en la persona y no en el diagnóstico de síndrome de Asperger, para poder darle la posibilidad de adquirir la mayor cantidad de competencias que necesita (y que aún no ha desarrollado de un modo natural ni funcional) en el menor tiempo posible, y con el objetivo de que luego pueda ir generalizándolas a contextos naturales con o sin la ayuda terapéutica. Las habilidades para enseñar nunca serán las mismas de un individuo a otro: en algunas personas serán muchas, en otras serán menos. Así como existen personas adultas con síndrome de Asperger que son ingenieros, otras no han encontrado todavía su potencial o vocación (incluso tienen limitaciones o problemas para el acceso al mundo laboral), como también hay otras que han aprendido un oficio y viven de eso, u otras que aún son niños o adolescentes, por ejemplo. Por eso también podríamos hablar de un "espectro Asperger".

Más allá de todas las fortalezas que podemos encontrar en un niño o un adolescente con síndrome de Asperger, cada individuo que recibió este diagnóstico se enfrenta a una serie de desafíos que muchas veces no se contemplan y que, a pesar de eso, los ponen en múltiples situaciones de desventaja frente a otros niños sin Asperger o con autismo (en quienes las dificultades parecieran ser más obvias, con un perfil menos elevado de fortalezas o habilidades, y frente a lo que, es notorio, la sociedad parece ser más comprensiva y solidaria). Una de ellas suele ser la posibilidad de ser víctimas de hostigamiento escolar o *bullying*, ya que al estar "tan bien" en algunas áreas, su entorno se olvida de que aún deben seguir trabajando para mejorar en el área de la interacción y la comunicación social. Esos jóvenes precisan apoyos o puentes para la interacción, y muchas veces terminan siendo discriminados y excluidos (tema al cual dedicamos un capítulo más adelante).

Tanto aquellos que no han logrado acceder al diagnóstico y al tratamiento por presentar habilidades de competencias altas (los niños y adolescentes con SA hablan, leen, logran desempeñarse bastante bien en todo lo referido a contenidos escolares sin ningún tipo de apoyo externo ni ayudas explícitas, entonces se los suele tildar como chicos muy inteligentes, arrogantes, presumidos, que prefieren la soledad, etcétera) como los que han recibido un diagnóstico y un tratamiento a tiempo suelen enfrentarse con la posibilidad de perder los apoyos terapéuticos y psicoeducativos porque seguramente se han evidenciado grandes avances (haciendo una comparación injusta frente a otras personas que poseen dificultades aún mayores), a pesar de que los siguen necesitando. Incluso, a muchas personas con SA algunos profesionales o juntas médicas les quitan el diagnóstico debido a sus mejoras. Es así como dejan de recibir tratamiento y más adelante pueden presentar otro tipo de dificultades (exclusión social, angustias y estados depresivos, ansiedad, irritabilidad, estrés creciente, conductas desafiantes y oposicionistas o aumento de la rigidez de pensamiento y conductual), convirtiéndose en víctimas de su propio éxito.

Es necesario considerar las últimas investigaciones que demostraron que a partir de la adolescencia el riesgo de padecer depresión, ansiedad u obsesiones aumenta notablemente en las personas con síndrome de Asperger, más aún si no cuentan con un diagnóstico ni recibieron el apoyo terapéutico necesario en tiempo y forma.

Suelen criticarse por exageradas algunas demandas o preocupaciones de las familias pero, curiosamente, el que termina perdiendo es siempre el niño. Hay que escuchar más a las familias, pues son ellas las que primero detectan en sus hijos determinados patrones del desarrollo que no están presentes, o han dejado de estarlo, o la aparición de ciertas conductas que llaman considerablemente la atención porque se alejan de lo "esperable". Si los padres reciben respuestas a tiempo, las dificultades de hoy pueden ser consideradas oportunidades para que ese hijo reciba un diagnóstico a tiempo y un tratamiento adecuado que lo ayuden a superar cada pequeño o gran obstáculo que se le ha detectado en su escalera del desarrollo.

Lo que sabemos es que, cualquiera sea el diagnóstico en cuestión (TEA, autismo de alto funcionamiento o síndrome de Asperger), las recomendaciones para el tratamiento de ambos suelen ser las mismas (variarán su intensidad en relación con el grado de afectación), ya que sus similitudes parecen ser mayores que sus diferencias.

Lo más importante siempre es empatizar con cada niño y su familia, reconocer sus necesidades y ser capaces de descubrir, ver y sentir cómo ellos perciben el mundo que los rodea. Teniendo en claro todo esto, conoceremos las verdaderas fortalezas o riquezas de cada niño, en vez de rotularlos como personas excéntricas, "raras" o, peor aún, encasillarlos dentro de una entidad diagnóstica, tenga el nombre que tenga, de la que será difícil que salgan. Con esta mirada acerca de la neurodiversidad, podremos ayudar a las personas con síndrome de Asperger a mejorar su propio desarrollo. De eso no tenemos duda.

SÍNDROME DE ASPERGER EN PRIMERA PERSONA

Facundo, de 14 años, después de que sus padres le transmitieran que tenía síndrome de Asperger, fue a su sesión de terapia y dijo que ya sabía qué le pasaba y por qué iba a terapia. Entonces expresó lo siguiente:

> Hay chicos que corren muy rápido y otros que son muy lentos, pero tenemos que encontrar nuestro propio ritmo. Tener síndrome de Asperger es tener un ritmo distinto. ¿Por qué dicen que no está bien tenerlo?

Entre los retos a los que se enfrentan diariamente muchas personas con síndrome de Asperger, encontramos los que Esteban manifestó en una de sus sesiones en relación con sus dificultades:

Tengo dificultades de atención. Muchas veces, me tienen que repetir las cosas. Hay cosas que no entiendo, me cuesta entender muchas cosas en general. A veces es como si no tuviera las herramientas o las ganas para interactuar con los demás. Creo que me faltan algunas habilidades sociales para hacerme amigos. Me cuesta realizar algunas tareas. No entiendo todas las reglas de los juegos. Me da vergüenza leer en público porque siento que tengo voz de robot, un tono algo monocorde. Me cuesta entender chistes. Antes era hiperactivo, hablaba como mexicano. Por estar distraído, perdía siempre en los juegos. A veces me pregunto cómo sería el mundo o cómo lo vería yo si no tuviera todos estos problemas. El mundo para vos seguiría siendo el mismo, para mí cambiaría.

Por otro lado, Hernán, un adolescente de 13 años con diagnóstico de SA, dijo:

Yo muchas veces me veo distinto a los otros chicos con autismo, o con síndrome de Asperger, pero sobre todo a la gente que no tiene autismo ni síndrome de Asperger. Los demás son más normales, pueden estudiar mejor, pueden entender mejor las cosas que los grandes te piden, las cuestiones sociales, los chistes. Hay palabras que yo no entiendo y me las tienen que explicar, o entiendo que algo que me dicen es una cosa, pero en verdad significa otra. Entiendo de manera literal algunas cosas. Sociabilizo menos con los demás. Esas serían mis diferencias "malas". Pero para otras cosas, yo creo que está bueno ser como yo. Por ejemplo, soy lindo, me gusta mi nombre, que es original, no hay mucha gente que se llame como yo. Me gusta pensar como pienso, tengo mucha imaginación, me gusta pensar que voy a ser más inteligente de lo que soy, que voy a ir a una gran universidad, que voy a ser millonario y me voy a convertir en el dueño de una empresa exitosa, multimillonaria. A veces pienso que sería bueno decirles a los demás cómo es mi imaginación, cómo yo pienso, cuáles son mis pensamientos, que son como historias que yo voy construyendo, pero no las comparto con los demás. Quizá para sociabilizar más tendría que empezar a compartir este mundo interno, ¿no?

Por último, Nahuel, de 18 años, con el mismo diagnóstico, manifestó:

El síndrome de Asperger no es como la varicela, que sabés lo que va a pasar. *No* es previsible. Aparece de distintos modos y tenés que conocerte bien para saber cuál es el tuyo.

Capítulo 10

LOS TEA Y SUS TRATAMIENTOS

*Si un niño no aprende como le estamos enseñando,
debemos enseñarle de la forma en la que pueda aprender.*

OLE IVAR LOVAAS

Como ya sabemos, el autismo está definido por conductas en cierto modo "características" de un cuadro de autismo, que pueden ser realmente muy diversas. Por lo tanto, pensar en un único modelo de tratamiento para todas las personas con condiciones del espectro autista se hace realmente difícil, y hasta poco creíble, por más investigaciones que haya en relación con un enfoque terapéutico que resulte eficaz. Veamos algunos ejemplos.

Pietro (3 años): Suele ser evitativo, se aísla, no se muestra sociable. Es hiperreactivo al tacto, puede hacer berrinches o alejarse si alguien lo toca. Sin embargo, muestra una hiporrespuesta al sonido, pareciera sordo en muchas ocasiones. Presenta un retraso importante en el área del lenguaje y su planificación motriz es más bien pobre. En ocasiones, repite lo que se le pregunta o se le dice (ecolalias).

Justo (3 años): Es más bien movedizo, inquieto. Le cuesta permanecer quieto, salvo que esté mirando sus dibujitos favoritos. Muestra una constante búsqueda de estímulos visuales. Desarrolló lenguaje de forma precoz, su vocabulario es amplio, su prosodia se muestra alterada con un lenguaje más bien neutro, como si fuera de Centroamérica.

Estanislao (4 años): Le gusta estar con los chicos, pero pareciera no encontrar la forma de interactuar con ellos. Los mira, se acerca a ellos, les sonríe. Su lenguaje es acorde a su edad, no comprende algunos chistes o dobles sentidos, se muestra más bien literal. Aprendió a leer recientemente (hiperlexia), y le gusta mucho leer y que le lean cuentos. Sus padres lo definen como un pequeño obsesivo, le gusta coleccionar historietas, cuentos y tapitas de gaseosas. Cuando le cambian los planes o las cosas no resultan como él esperaba o había pensado, puede enojarse mucho, revolear objetos sin medir consecuencias. Después se arrepiente, pide perdón y se angustia mucho.

Tanto Pietro como Justo y Estanislao tienen el mismo diagnóstico: trastorno generalizado del desarrollo no especificado, según los criterios diagnósticos del DSM-IV, y prácticamente la misma edad, pero ¿podríamos pensar en un mismo tratamiento para estos tres niños tan diferentes? Definitivamente, no.

A la hora de pensar en tratamientos para abordar los trastornos del espectro autista, tenemos que volver a centrarnos en que no existe un tratamiento que "cure" el autismo, porque el autismo no es una enfermedad, sino una condición. Tampoco hay un tratamiento etiológico, porque no hay una causa, una etiología única determinada.

Por lo tanto, y dado el amplio y variable espectro del autismo, no podemos pensar en un único enfoque terapéutico, un único abordaje a modo de fórmula aplicable A=B, sino que debemos diseñar un tratamiento individualizado para cada uno de nuestros pacientes contemplando múltiples variables.

Cada niño, cada persona con algún trastorno del espectro autista o del desarrollo tiene un perfil único de fortalezas y necesidades individuales, relaciones familiares y habilidades funcionales de desarrollo, aunque compartan un mismo diagnóstico sindromático (como autismo, síndrome de Asperger, trastorno generalizado del desarrollo no especificado, déficit de atención, etcétera). *Es este perfil único de cada niño el que debe comandar el plan terapéutico por sobre el diagnóstico.*

Entonces, ya sabemos que no existe un único tratamiento para el autismo y, aunque haya múltiples investigaciones y estudios con validación empírica que prioricen unos sobre otros, no podemos decir que el mejor tratamiento para el autismo sea alguno en particular.

Lo que sí sabemos es que el mejor tratamiento para el autismo debe combinar varias disciplinas (psicología, fonoaudiología, psiquiatría, neurología, psicopedagogía, terapia ocupacional, terapia física, integración escolar o educación especial, orientación y psicoeducación a padres, etcétera) atendiendo las necesidades de cada persona en relación con todas las áreas del desarrollo. Entre estas, contemplamos las siguientes:

- Conducta.
- Socialización.
- Desarrollo cognitivo.
- Comunicación social.
- Lenguaje expresivo y comprensivo.
- Motricidad fina y gruesa.
- Juego.
- Área intra- e interpersonal.
- Área familia.
- Integración escolar o educación especial.
- Teoría de la mente.
- Funciones ejecutivas.
- Sexualidad, etcétera.

Además de cada área del desarrollo, habrá que contemplar cada fase evolutiva del paciente como toda su historia vital particular.

Tratamientos: ¿hay uno mejor que el otro?

Encendida la polémica, pareciera haber dos bandos de profesionales de la salud que no logran dejar el ego de lado. En vez de priorizar el bien de cada paciente, sostienen, absurdamente y bajo cualquier circunstancia, discursos autocráticos que solo visibilizan el propio recorrido y anulan y hasta enjuician el ajeno, sin siquiera darse la libertad de poder conocerse y enriquecerse mutuamente, con el único fin común de facilitarles tanto a las personas con condiciones del espectro autista como a su familia aquello que necesitan.

A todas estas realidades, se suman en las familias señales de desconcierto e impotencia a la hora de decidir cuál o cuáles intervenciones terapéuticas deben utilizarse con sus hijos recientemente diagnosticados con TEA.

Todo pareciera indicar que la guerra está declarada: psicoanalistas versus terapeutas cognitivo-conductuales. Si bien no es nuestra intención crear discusiones que no conduzcan a ningún lado, sabemos que tocando este tema el debate se dispara entre los distintos universos "psi".

Una diversidad de voces alerta sobre los tratamientos cognitivo-conductuales y sus formas, que trabajan sobre el síntoma (problemática que trae al paciente a sesión) sin realmente ahondar sobre su causa, es decir, sobre por qué presenta determinado síntoma.

Creemos que lo explicitado anteriormente es una absoluta falacia. Quizá los caminos no sean los mismos. Pero las nuevas corrientes de tratamientos y de investigación son las que más dedicación, tiempo y dinero han aportado para intentar comprender más y más lo que es el autismo y, por lo tanto, tratar de encontrar sus causas y entender más sobre la naturaleza del trastorno.

Es sabido que las intervenciones posibles para el tratamiento de los TEA son muchas e incluso a veces son antagónicas, como si no tuvieran el mismo objetivo en común. Muchos de estos tratamientos son el resultado de teorías etiológicas diseñadas para explicar el origen del trastorno. Buena parte de ellas se implementan bajo el resguardo de múltiples investigaciones realizadas con evidencia de resultados, y otras se sostienen imponiéndose y compitiendo negativamente con algunas de las estrategias terapéuticas o tratamientos basados en evidencia empírica con eficacia terapéutica.

Por lo tanto, con la búsqueda de una cura, que todavía no ha llegado, se han probado infinidad de tratamientos. La falta de un tratamiento único, etiológico y curativo ha tenido como consecuencia el incremento notable de diversos métodos eficaces de intervención, como así también han surgido múltiples abordajes llamados "alternativos" sin validación empírica y algunos hasta peligrosos.

La existencia de tantos tratamientos para un mismo trastorno genera confusión y desorientación en las familias de personas diagnosticadas con alguna condición del espectro autista. Tantos intentos de respuestas terapéuticas en ocasiones producen falsas expectativas en los padres.

Sabemos que la elección del tratamiento apropiado para los TEA es un tema complejo y controvertido. No obstante, la búsqueda de tratamientos eficaces debe ir acompañada de una profunda y verdadera comprensión acerca de lo que le pasa a cada paciente que asiste a consulta, lo que su familia y contexto educativo y social manifiestan como preocupaciones y necesidades puntuales, con el fin decidido de mejorar la calidad de vida de cada persona.

Sabemos que existen muchos tratamientos que han probado su validación empírica mediante estudios de investigación, como así también otros tratamientos ampliamente aplicados con poca evidencia (en que los estudios de investigación realizados con casos comprobados de eficacia terapéutica no son tantos) u otros sin evidencia y que no son recomendados.

Las intervenciones que se conocen y se ofrecen hoy para tratar a las personas con autismo son muchas, y pareciera ser que realizar una terapia específica es condición para que no pueda realizarse otra. Así, sucesivamente, los padres van "probando" diferentes intervenciones casi por azar, confiando en un profesional o en otro, intentando comprometerse al máximo con cada una de las opciones que se les sugieren.

Agruparemos estas intervenciones en varios apartados, para intentar un acercamiento a los distintos modelos de tratamientos en TEA.

Introducción a modelos de tratamiento en los TEA

Antes de continuar, deberemos tener en claro para qué sirve una intervención terapéutica en los TEA, entendiendo a las intervenciones como cualquier acción terapéutica o de tratamiento diseñada para ayudar a las personas con autismo.

Con una determinada intervención terapéutica, pretendemos reducir o curar los síntomas centrales del autismo (socialización, comunicación, conducta y cognición), disminuir las conductas problemáticas en la interrelación con el contexto, mejorar el estilo de vida de las personas con este diagnóstico y de sus familias, enseñarles nuevas habilidades adaptativas de la vida diaria (sociales, lúdicas y comunicativas), como así también atender la presencia de comorbilidades en caso de que existan.

A continuación realizaremos un resumen de todas las posibles intervenciones para mejorar el estilo de vida de las personas con TEA a partir de un determinado tipo de tratamiento.

ALGUNAS CARACTERÍSTICAS

Los tratamientos para los trastornos del espectro autista son generalmente muy intensivos, suelen durar muchos años (algunos, toda la vida) y deben involucrar a toda la familia del niño y a un equipo de profesionales multidisciplinario.

El principal objetivo del tratamiento es minimizar los rasgos autistas principales y déficits asociados, potenciar nuevas, cálidas y placenteras formas de vinculación del niño con TEA y su familia, maximizar el nivel de autonomía personal y de independencia funcional, como así también mejorar el estilo y la calidad de vida y disminuir el estrés familiar.

Algunos programas terapéuticos se llevan a cabo en el domicilio del paciente (son los llamados tratamientos domiciliarios), otros en centros especializados, consultorios, hospitales o incluso en la escuela donde cursa el niño o el adolescente con TEA.

Son muchos los casos en los que se combina más de un método de tratamiento, ya sea por indicación del médico tratante, del equipo o, incluso, por decisión de la familia. Varios de los métodos terapéuticos o tratamientos que describiremos requieren de mayor investigación por parte de los padres antes de iniciarlos, ya que brindaremos un acercamiento y una introducción más bien generales de estos.

A modo de recomendaciones, se aconseja consultar todas las dudas con el médico que indica las terapias para el niño, contactarse y hablar con otros padres que tengan experiencia en cada terapia en particular, pedir entrevistas con los profesionales tantas veces como sea necesario para aclarar cualquier duda sobre el modelo de trabajo o las intervenciones que se están realizando o se realizarán con la persona con autismo, asegurarse de que se comprenda plenamente la terapia antes de comenzar cualquier programa y, por último, observar las distintas sesiones terapéuticas para ayudar a que el niño con este trastorno generalice aquello que se le va enseñando y evitar así que el "método" terapéutico resulte inaccesible para los padres.

Si nos guiamos por la noción de autismo como un espectro a la hora de elegir o diseñar un plan de trabajo o una determinada intervención terapéutica, deberemos contemplar siempre el estilo de aprendizaje de cada niño en cada una de las diversas áreas del desarrollo y, además, más que pensar en terapias puramente psicológicas, deberemos considerar aquellas intervenciones de base psicoeducativa, lúdico-relacional, sensoriales, entre otras, que no solo pondrán el énfasis en el aprendizaje de habilidades, sino también en favorecer el mejor modo de comunicación y vinculación para cada niño, sabiendo entenderlo, conociendo de antemano sus fortalezas y, a partir de allí, asistiéndolo para que construya su propia subjetividad.

ENSEÑAR Y APRENDER

Si se considera el autismo como un trastorno del neurodesarrollo permanente, estamos sosteniendo la creencia de que no tiene cura, pero no queda explicitado que puede tratarse, y creemos que la clave viene de la mano de la educación. Para eso será fundamental contar con un diagnóstico precoz y actuar cuanto antes, ya que el cerebro tiene más plasticidad cuanto más joven es la persona.

Conocer bien a cada niño con TEA, averiguar cuál es su perfil de aprendizaje, investigar sobre las fortalezas y necesidades individuales, así como priorizar *cómo* enseñar antes de *qué* enseñar serán la clave para que cualquier tratamiento sea efectivo.

¿CÓMO SE DEFINE EL APRENDIZAJE?

El aprendizaje solo se da desde lo real del cuerpo, lo imaginario de la psique y lo simbólico de lo sociocognitivo, entendiéndolo como un proceso biopsicoaxiosociocognitivo. En relación con el aprendizaje, será beneficioso pensarlo desde una visión integrativa partiendo de una neuropsicología del desarrollo y el aprendizaje en la que cuerpo, psique y mente se conjugan para dar paso a la posibilidad que tiene cualquier ser humano de apropiarse de la realidad de un modo particular, lo cual sin duda repercute en el modo en que actúa con ella y sobre ella. Por lo tanto, un niño habrá aprendido una habilidad cuando sea capaz de aplicarla con diversas personas, lugares y circunstancias, sabiendo cuándo y cómo utilizarla.

¿QUÉ UTILIZAMOS PARA ENSEÑAR?

En todos los tratamientos diseñados, se intenta facilitar el desarrollo y el aprendizaje de diversas habilidades, promoviendo la comunicación, la socialización, la vinculación, y así reducir los comportamientos problemáticos o desafiantes, brindando siempre psicoeducación y orientación a las familias y los docentes.

Cuando hablamos de tratamientos para el autismo, nos referimos a un campo muy dinámico y evolutivo. Es común escuchar que un "nuevo método" se está creando con el objeto de ayudar a los niños con TEA y a sus familias. Por lo tanto, nos encontramos con diversos y muy distintos enfoques que difieren en varios aspectos. Sin embargo, podríamos agrupar dichos enfoques en dos categorías: *conductual* y *del desarrollo*. La más reciente evolución del enfoque conductual es conocida como "enfoques naturalistas conductuales" (*naturalistic behavioural approaches*). Algunos enfoques naturalistas conductuales son: *incidental teaching* (aprendizaje incidental), *verbal behaviour* (conducta verbal), *pivotal response training* (aprendizaje de conductas pivotales), entre otros. Con respecto a los *enfoques del desarrollo*, encontramos: *SCERTS Model, Denver Model, DIR/Floortime, responsive teaching*, etcétera.

Los enfoques modernos del tratamiento para el autismo (enfoques conductuales y del desarrollo) siempre fueron filosóficamente diferentes y se ubicaron en veredas contrarias. Parecía que aquel paciente que estaba en un tratamiento cognitivo-conductual no podía recibir sesiones relacionales o de juego, o que quienes realizaban tratamiento de *floortime* o *son-rise* no podían combinarlo con sesiones de algún tratamiento psicoeducativo de enseñanza de habilidades. Por suerte, en la actualidad y en la práctica, estas dos escuelas de pensamiento se encuentran en un camino de convergencia.

Algunos de los programas educativos y terapéuticos que se utilizan con frecuencia y con muy buenos resultados están basados en tecnologías emergentes del Análisis Conductual Aplicado (ACA o ABA, por sus siglas en inglés *Applied Behavior Analysis*). ABA es un campo de estudios que se centra en la aplicación de principios, métodos y procedimientos de las ciencias de la conducta.

En relación con los tratamientos más "conductistas", si bien suelen tener eficacia terapéutica comprobada según diversas investigaciones, muchas familias se encuentran en un dilema cuando se les indica a sus hijos el mal llamado "tratamiento cognitivo conductual".

Programas cognitivo-conductuales

Si pensamos el tratamiento solo por el nombre con que los médicos lo indican, o con que las obras sociales y los planes de medicina prepaga aprueban los presupuestos (terapia cognitivo-conductual o TCC), seguramente el prejuicio nos lleve a pensar en las siguientes cuestiones:

- "Adiestramiento."
- Desaparición del sujeto pensante.
- Que el niño imite a los terapeutas para ganarse un premio no es un avance, porque no se tiene en cuenta su subjetividad.
- Los tratamientos de TCC son superficiales. No tienen en cuenta la historia de vida del paciente.
- La TCC no trata las causas del problema, por lo tanto, el síntoma retorna.
- La TCC no se ocupa de la subjetividad, sino que aplica "recetas" de tratamiento que aplastan la singularidad del paciente.

La terapia cognitivo-conductual necesita mejorarse, no es perfecta y mucho menos mágica. Requiere de un gran esfuerzo tanto por parte del terapeuta como del paciente y su familia, que trabajan juntos en un marco de colaboración mutua. Su valor reside en que constituye un enfoque que busca validar sus resultados por medio de la investigación científica, intentando construir los mejores tratamientos tanto para los trastornos del neurodesarrollo como para otras patologías mentales o para los problemas de desarrollo personal.

Los estudios de investigación revisados han mostrado beneficios obtenidos mediante algunas intervenciones conductuales, pero estos resultados deben ser tratados con extrema cautela debido a la falta de consistencia de algunos de ellos entre los diversos estudios, por las deficiencias metodológicas que presentan y porque muchas de las respuestas que muestran los pacientes a este tipo de intervenciones han sido altamente variables.

Si bien no se puede recomendar el uso generalizado de las terapias conductuales en los TEA, los tratamientos cognitivo-conductuales que parecen resultar más beneficiosos son los llamados "de base flexible". Estos se diferencian mucho de los primeros TCC que se crearon, cuyo porcentaje estructural era muy alto y que parecerían haber dejado como legado que cualquier terapia cognitivo-conductual ayuda a repetir mejor en vez de propiciar verdaderos aprendizajes.

Este tipo de tratamientos, actualmente, han recibido la influencia de otras corrientes como, por ejemplo, del modelo DIR®, a través de su técnica *Floortime*®, que tiene como principio número uno seguir el liderazgo del niño.

El profesional que sepa relacionar dos o más técnicas podrá lograr que el paciente se encuentre motivado (siguiendo sus propios intereses) para cualquier situación de comunicación, interacción social o aprendizaje. Se trata de unir, vincular e intentar diseñar el mejor tratamiento para cada niño. Es conveniente también que se reúnan dos o más profesionales, con miradas diferentes en un principio, para conseguir un fin determinado: el de ayudar a la persona con TEA y su familia, e incluso ayudarse mutuamente.

Los tratamientos cognitivo-conductuales deben ser individualizados, personalizados, flexibles. Sus objetivos y procedimientos de trabajo deberán ser claros, divididos por áreas del desarrollo. Existen métodos de evaluación, coordinación y supervisión con los que se puede ir chequeando que se cumplan los propósitos diseñados.

La propuesta de trabajo es que el tratamiento debe ser un conjunto de técnicas y estrategias provenientes de varios modelos o escuelas terapéuticas que tengan cierto estatus científico, para así poder establecer el mejor tratamiento para cada paciente. Se trata de diseñar el *traje a medida* para cada persona que precise de un abordaje terapéutico.

TRATAMIENTOS MULTIMODALES PARA EL AUTISMO

La educación de las personas con autismo debe basarse en un principio de globalidad que abarca dos vertientes: debe contemplar todas las áreas y todas las esferas de desarrollo de la persona y debe extenderse a todos los ambientes donde ella se desenvuelve.

Los principios generales en los que debe basarse cualquier tipo de intervención, en este caso una intervención multimodal (abordajes integrados), que pretendamos desarrollar con personas con autismo son los siguientes:

- Partir del conocimiento del autismo.
- Conocimiento del desarrollo normal.
- Tratamiento y educación personalizada.
- Estructuración física.
- Estructuración temporal.
- Apoyos transaccionales.
- Situación de enseñanza adaptada a las necesidades del paciente.
- Directividad y flexibilidad.
- Adaptación a la edad.
- Coordinación de profesionales intervinientes.
- Inclusión/integración: debemos hacer un continuo esfuerzo por integrar a nuestros pacientes en los entornos menos restrictivos posibles. Es interesante trabajar en ambientes naturales que posibiliten la generalización de los aprendizajes que se han adquirido desde el consultorio y la escuela, y que les permitan realizar actividades funcionales con pleno sentido y carentes de la artificialidad que supone un contexto tan estructurado como es son el colegio y el consultorio.

La intervención educativo-terapéutica no comienza y termina en el consultorio; nuestras enseñanzas deben incluir todos los contextos de la vida de la persona (escuela, familia, comunidad).

La atención educativa debe ser también continua y abarcar todas las etapas del ciclo vital del individuo, y específica en cuanto a los programas que se aplican, por lo que requiere un equipo compuesto por distintos profesionales que incluyan distintas disciplinas.

Nuestra intervención debe ser flexible y atender a la individualidad de la persona, evitando etiquetar y tratar a todos por igual, para que cada una pueda desarrollar su propia forma de ser.

Los tratamientos multimodales para los TEA suelen involucrar diversas técnicas, e intentan unir del modo más sano y enriquecedor dos modelos o miradas distintas que, desde sus visiones fundamentalistas, parecerían muy ambiguas. Sin profundizar específicamente sobre ninguna de ellas, algunas de las técnicas o abordajes utilizados en este tipo de tratamientos suelen ser los que describiremos a continuación.

Sobre programas, métodos, técnicas y modelos de tratamiento

- *Método Lovaas*: En la década de 1960, el Dr. Ivar Lovaas desarrolló un modelo de educación basado en el condicionamiento operante (propuesto por B. Skinner) para tratar a niños autistas llamado análisis conductual. Este método se centra en el refuerzo de conductas deseadas y en la reducción de conductas problemáticas no deseadas. En los niños con TEA, la terapia ABA ha dado buenos resultados para tratar los trastornos de comunicación, las conductas repetitivas y estereotipadas y las autodestructivas.

- *Entrenamiento por técnica de ensayos discretos*: Se trata de una herramienta estructurada de intervención para los niños con trastornos del espectro autista. La enseñanza de ensayos discretos es una técnica directa de intervención que enseña a un niño a realizar tareas apropiadas y permite al terapeuta o educador recoger los datos necesarios para determinar si la intervención tuvo éxito.

- *Técnicas del Modelo ABA* (Hay que saber tomar lo positivo de este modelo –componentes y estructuras– pero aceptar que le falta espontaneidad en conducta y que conlleva ciertas dificultades en el proceso de generalización de habilidades): Investigaciones intensivas han demostrado que los niños autistas no aprenden de la misma forma que los otros niños, y eso radicaría en las dificultades para entender la comunicación verbal y no verbal que muchos de ellos poseen. Algunas veces, se confunden con la información sensorial y presentan algún tipo de déficit en el procesamiento; también pueden tender a aislarse, por no disponer de las habilidades sociales necesarias. Sin embargo, son capaces de aprender mucho con instrucciones apropiadas. El tratamiento conocido como ABA o ACA (Análisis Conductual Aplicado), además de tratar problemas de conducta, ha sido utilizado durante las últimas cuatro décadas en el desarrollo de currículos para enseñar a niños autistas cómo usar las herramientas necesarias para llevar una vida más completa, con amigos y con la familia, y participando funcionalmente en la sociedad.

- *Técnicas para el manejo de conductas problemáticas.* Comportamientos como berrinches, agresión, autoagresión y desobediencia se identifican como problemáticos. Otros son de carácter pasivo por naturaleza, como falta de atención, no participación, aislamiento, e interfieren en el desarrollo del niño. Cualquier comportamiento que se interponga en el proceso de aprendizaje debe considerarse como una alteración y habrá que intervenir para que esta disminuya tanto en intensidad como en frecuencia, para luego seguir trabajando en su erradicación.

- *Herramientas del Modelo PRT® (aprendizaje de conductas pivotales)*: La meta del PRT es producir cambios positivos en las conductas centrales primarias (motivación para que el niño inicie la comunicación con los demás), lo que llevaría a una mejora de las habilidades comunicativas en general, y a que el niño adquiera nuevas destrezas lúdicas, conductas sociales y la capacidad de poder autorregularse, autocontrolar su propia conducta. El PRT es dirigido por el niño. Se usan la mayor cantidad posible de estrategias motivacionales. El niño desempeña un papel primordial en determinar las actividades que se realizarán y los objetos que se utilizarán en el intercambio PRT.

- *Modelo DIR®/Floortime®*: Es un enfoque basado en el Desarrollo Individual Relacional, en el que se trata de interactuar con el niño con autismo o necesidades especiales, según la etapa del desarrollo que esté atravesando, estimulando todas las áreas, pero con especial énfasis en el desarrollo socioemocional. La técnica principal de este modelo se llama *Floortime®*.

- *Programa Son-Rise® (The Son-Rise Program®)*: Propone a los padres como protagonistas, profesores, terapeutas y directores de sus propios programas, y utiliza el hogar como el ambiente óptimo para ayudar a sus hijos. El programa intenta otorgarles a los padres las herramientas necesarias para sostener estos roles, aportándoles distintas estrategias y mensajes de aliento sobre el camino que deben seguir. Utiliza la energía, la emoción y el entusiasmo como inspiración permanente, y hace del juego y las motivaciones del niño un marco central y la base del aprendizaje y la interacción. El programa busca fortalecer a los padres y a los profesionales brindándoles una mirada esperanzadora.

- *Growth through Play System (GPS)*: Este sistema está diseñado para optimizar las conexiones en el cerebro del niño, con el objetivo de facilitar la interconectividad global mejorada y la sincronización concentrándose en actividades intensivas, multisensoriales e interactivas que estimulen altos niveles de actividad entre las regiones del cerebro. El sistema ayuda a los padres y a los profesionales a identificar escalones fundamentales del desarrollo que el niño no ha alcanzado. Para eso prescribe actividades que son conducidas por los padres a modo de respuesta interactiva para ayudar al niño a llenar los "huecos" en su desarrollo.

- *TEACCH*: Esta técnica utiliza las fortalezas visuales de los niños con TEA para enseñar destrezas. Por ejemplo, mediante una tarjeta con fotografías, se les puede enseñar a vestirse, al presentar la información en pasos pequeños. Le permite al niño entender lo que está pasando, para así estar más tranquilo, aprender mejor y favorecer el logro de su independencia. Entre sus estrategias, nos encontramos con estructuras en el ambiente y organización física, agendas visuales, sistemas de trabajo, apoyos visuales y enseñarles a los niños a seguir rutinas funcionales. Las rutinas son predecibles y se explican a sí mismas, permiten a los niños con TEA (y a todos) organizarse, saber qué se espera de ellos y aprender nuevas habilidades, así como disminuir los altos grados de ansiedad. Conviene siempre implementar el uso de claves contextuales o visuales para su mayor comprensión e incorporar lentamente nuevos elementos para hacerlas más flexibles, y disminuir luego gradualmente cada una de las ayudas brindadas.

- *Aprendizaje incidental:* Uno de los principales obstáculos que presentan los pacientes con TEA es la dificultad para aprender por medio de la observación llamada "casual". Con este tipo de aprendizaje, se busca generar oportunidades de tipo social y de juego, así como enseñar habilidades de todo tipo, que ayudarán al niño en su aprendizaje para adquirir información a través de las experiencias cotidianas.

- *Claves visuales*: Todos los materiales visuales, ya sean dibujos, láminas, fotografías o símbolos, son elementos de gran ayuda para los niños con autismo, tanto para el aprendizaje y el desarrollo de la comunicación como para aumentar su comprensión y regular su comportamiento. Su gran utilidad se explica porque los niños con autismo tienen una gran capacidad de almacenar imágenes en su cerebro.

- *Historias sociales (Carol Gray)*: Se trata de cuentos cortos que describen y explican diversas situaciones sociales (las que nosotros queramos explicarle al niño). Se diseñan considerando el perfil cognitivo, los intereses y el estilo de aprendizaje de cada niño. Diseñar y escribir una historia social consiste en una serie de pasos que respetan diversos estilos de oraciones. Es un proceso instructivo que ilustra la información transmitida con dibujos simples, símbolos gráficos y color. Estas intervenciones sociales están basadas en la filosofía del mejoramiento de las habilidades sociales a través del progreso en el entendimiento social y la responsabilidad compartida para el éxito social de los niños con TEA.

- *Herramientas del Modelo RDI*: La intervención para el desarrollo de las relaciones (*Relationship Development Intervention* o RDI) se basa en el refuerzo positivo. Este modelo fue desarrollado como un tratamiento basado en los padres, cuya meta es mejorar la calidad de vida del individuo en el largo plazo al ayudarlo a mejorar sus habilidades sociales, su adaptación al entorno y su auto-conocimiento. Los seis objetivos más importantes del RDI son los siguientes: 1) referenciación emocional; 2) coordinación social; 3) lenguaje declarativo; 4) pensamiento flexible; 5) procesamiento relacional de información; 6) previsión y retrospección.

- *Programas de autovalimiento y autonomía personal*: Que el niño aprenda habilidades de autocuidado así como también algunas habilidades básicas del manejo del hogar le enseña a ser responsable y lo ayuda a sentirse parte de la familia, la que desempeña un rol importante en el desarrollo global de los niños. El hecho de que una persona con TEA adquiera pautas mínimas de alimentación, higiene y vestimenta favorece su independencia y alivia la resolución de las actividades cotidianas de los padres.

- *Programas de refuerzos en habilidades sociales*: La posibilidad de desarrollar una intervención en habilidades sociales y comunicativas les permite a las personas con trastornos del espectro autista aprender los guiones sociales, pasos y procesos en los que se desarrolla la comunicación social en general, ya que muchos de ellos precisan de una explicación clara acerca de los aspectos ambiguos de las interacciones y normas sociales para lograr interpretarlos de un modo aproximado.

- *Estrategias de integración sensorial*: El tratamiento de terapia ocupacional en niños con trastornos de aprendizaje se popularizó durante los años sesenta, cuando A. J. Ayres publicó sus primeros estudios sobre trastornos perceptivos y sensoriales presentados por niños con déficit de aprendizaje (Ayres, 1965). Desde aquellos años hasta la actualidad, la teoría de la integración sensorial ha sido utilizada extensivamente en el tratamiento de niños con déficit atencional, autismo, síndrome del cromosoma X frágil, trastornos de aprendizaje y descoordinación motora, entre otros.

- *Estrategias de autocontrol emocional y manejo de la ira*. La técnica del semáforo es una de las tantas estrategias de aprendizaje que se emplean para muchas situaciones, tanto en el hogar como en el colegio. Está especialmente indicada para la enseñanza del autocontrol de las emociones negativas (ira, agresividad, impulsividad, etcétera). Esta técnica asocia los colores del semáforo con las emociones y las distintas conductas para realizar hasta encontrar nuevamente el estado de calma.

- *Métodos aumentativos o alternativos de comunicación (PECS, señas, habla signada,* etcétera*):* El sistema de comunicación por intercambio de imágenes (*Picture Exchange Communication System* o PECS) es un sistema de aprendizaje que permite a los niños con TEA con poca o ninguna capacidad verbal comunicarse haciendo uso e intercambio de imágenes o claves visuales.
- *Psicoeducación y orientación familiar:* La educación parental busca promover procesos de cambio cognitivos, afectivos y de comportamiento en los padres y las madres (véase el capítulo 15).
- *Herramientas del modelo SCERTS:* Las siglas del modelo hacen referencia al enfoque de: 1) SC (*Social Communication* [comunicación social]), es decir, el desarrollo de la comunicación funcional, la expresión emocional espontánea y de relaciones seguras y de confianza con niños y adultos; 2) ER (*Emotional Regulation* [regulación emocional]), en la que se persigue el desarrollo de la habilidad para mantener un estado emocional bien regulado para poder lidiar con las tensiones de la vida diaria y estar lo más dispuesto posible a aprender e interactuar socialmente con los demás; y 3) TS (*Transactional Support* [apoyo transaccional]), que se trata del desarrollo y la implementación de los apoyos para ayudar a los adultos a responder a las necesidades e intereses del niño, modificar y adaptar el ambiente, así como proveer herramientas para realzar el aprendizaje (por ejemplo, comunicación a través de dibujos –PECS–, horarios escritos –TEACCH–, apoyos sensoriales –IS–). Provee normas específicas para ayudar al niño a convertirse en un ser comunicativo, competente y seguro de sí mismo, y para evitar comportamientos problemáticos que puedan interferir con el aprendizaje y el desarrollo de sus relaciones interpersonales. También está diseñado para ayudar a familias, educadores y terapeutas a trabajar cooperativamente como equipo, de una manera cuida-

dosamente coordinada, para maximizar el progreso en la ayuda del niño (Prizant y otros, 2006).

- *Herramientas del Modelo ESDM*: La terapia ESDM (por sus siglas en inglés, *Early Start Denver Model*) o el Modelo de Denver de Comienzo Temprano está basada en el ACA (o Análisis Conductual Aplicado), que desarrolla habitualmente una interacción cara a cara entre el niño y el terapeuta, pero en vez de sentarse en una mesa junto al niño, donde el terapeuta desglosa tareas complejas en pequeños pasos y les da refuerzos tangibles, los niños tratados con ESDM se sientan en el suelo y juegan con su terapeuta, maestros o padres. Las ventajas son que se puede realizar en cualquier parte y fue el método basado en el juego impulsa al niño a desarrollar las relaciones sociales.

- *Técnicas de conducta verbal*: Otro método de terapia conductual (basada en los principios fundamentales de ABA), aunque con un enfoque totalmente diferente, es la terapia de conducta verbal (*Verbal Behavior* o VB). Está diseñada para motivar a los niños con diagnóstico de TEA a aprender el lenguaje al desarrollar una conexión entre una palabra y su valor. VB puede usarse como una extensión de los programas de comunicación de un tratamiento cognitivo conductual propiamente dicho.

- *Programas de lenguaje o lectoescritura específicos*: Se incluyen programas y técnicas para enseñar lenguaje verbal, no verbal, de signos, habla signada (signos y palabras producidos simultáneamente) y comunicación en general a niños que poseen alguna condición del espectro autista.

- *Educación sexual*: A través del uso de fotografías (para asociar a situaciones), pictogramas, historias sociales, dramatizaciones, videos, películas, series, resolución de situaciones problemáticas, se busca educar sexualmente al paciente con TEA, con el fin de enseñarles distintas habilidades dentro del área. Entre ellas: higiene personal; orientar sobre cambios (físicos y mentales) que experimentan durante la pubertad, para evitar temores; masturbación (contextos y lugares adecuados, apoyos, higiene); menstruación (conocer signos, manifestaciones y cuidados); poluciones nocturnas (naturalizar); reproducción, uso de anticonceptivos, respeto y autocontrol, que el amor y el estar enamorado no deben dar vergüenza, ¿iniciación sexual? sí o no; educar en la toma de decisiones y en la expresión de sentimientos y necesidades; prevención de abusos o agresiones sexuales, entre otras habilidades.

Si bien algunos profesionales pueden llegar a sentirse muy seguros dentro de alguna teoría, método o técnica, corren el riesgo de quedar encerrados en dichos constructos, sin poder ver más allá.

Las técnicas terapéutico-educativas mencionadas no pueden ser lo único y excluyente para todas las personas que tienen algún trastorno del desarrollo. Cada niño y su familia son únicos. Ningún niño tiene un techo de desarrollo y nadie puede predecir su futuro. Este depende de la calidad del presente.

Nuestro propósito como profesionales es lograr el mejor presente posible y real para cada niño y su familia, junto a ellos. Como ya sabemos, lo recomendable para un niño y su familia puede no ser extensible a otros casos.

LA IMPORTANCIA DEL JUEGO EN EL DESARROLLO DE LOS NIÑOS

Jugar es cosa seria

Uno de los aspectos más importantes del desarrollo es el juego. Junto con el movimiento, es una expresión vital del ser humano. Por medio del juego, nos relacionamos con el entorno, aprendemos, socializamos y desarrollamos la creatividad y la imaginación.

El juego es además una experiencia positiva con la que pasamos momentos muy divertidos. Es la manera en que el niño aprende acerca del mundo, desarrolla sus relaciones sociales y se expresa.

Es clave en el desarrollo de cualquier niño. Todas las funciones mentales (inteligencia, memoria, atención, planificación, etcétera), sociales (compartir, colaborar, prestar, ceder, liderar, confrontar, etcétera) o físicas (correr, saltar, manipular, etcétera) se ejercitan a través del juego.

> *¡Es una oportunidad de aprendizaje efectiva y satisfactoria!*

Jugar con un niño con autismo es una experiencia particular, incluso para sus padres. Cuando una madre le muestra a su hijo un autito y lo hace rodar por la mesa, el niño lo agarra y comienza a hacer girar las ruedas; cuando el padre le pasa una pelota picándola en el piso, el niño se la puede poner en la cabeza y balancearse para delante y para atrás; cuando le muestran un juguete nuevo, puede darse vuelta o simplemente marcharse.

Hasta hace no mucho tiempo se pensaba que el juego no formaba parte de la terapia, sino precisamente de lo que "no es terapia". Sin embargo, esa idea está cambiando y se considera que el juego puede ser, cuando menos, un incentivo interesante para practicar y mejorar.

Un niño con autismo es antes que nada un niño, y algo que parezca juego siempre es más interesante que algo que parezca trabajo.

ALGUNAS CARACTERÍSTICAS DEL JUEGO EN LOS TEA

Las dificultades en la comunicación e interacción social, en comprender estados mentales, en el control ejecutivo y la planificación de secuencias de acción con objetos, así como la presencia de intereses restringidos y los trastornos en las competencias de ficción/imaginación/ilusión y simbolismo traen aparejadas las siguientes cuestiones:

- Manipulación simple de objetos, generalmente con fines autoestimulatorios (girar objetos, alinearlos, etcétera).
- Falta de implicación emocional durante en el juego.
- Gran placer en los juegos físicos (cosquillas, persecuciones, rodar por el suelo, hamacarse), con la excepción de aquellos niños que evitan/rechazan el contacto físico, por sus características sensoriales.
- Preferencia por juguetes que implican habilidades visoespaciales (rompecabezas).
- Juegos que suelen ser repetitivos, obsesivos y poco creativos.
- Ausencia o limitaciones en el juego funcional (estereotipados, limitados en contenido, poco flexibles y espontáneos).
- Ausencia o limitaciones de juego simbólico (si existe es repetitivo, poco imaginativo, simple y poco flexible).
- Dificultades para respetar turnos/reglas.
- Problemas para entender el concepto de ganar o perder y demostrarlo adecuadamente (indiferencia, falta de interés o reacciones catastróficas).
- Disminuida o inexistente capacidad para iniciar juegos sociales (invitar a otros a jugar).
- Fallas para responder apropiadamente a las invitaciones de otros a jugar.
- Dificultades para seguir los pasos de un juego secuenciado.

POSIBLES INTERVENCIONES DESDE LO LÚDICO

Nuestro objetivo es estimular la aparición de comportamientos interactivos espontáneos, que tengan un propósito, y sean placenteros y funcionales.

- Delimitar un área o rincón de juego, para diferenciarla claramente de la zona de "trabajo" pero NO circunscribir el juego solamente a ese espacio.
- Aumentar el interés por los objetos/juguetes, sin perder de vista las particularidades sensoriales del niño (experiencias sensoriales apropiadas y graduadas).
- Partir siempre de los intereses del niño (seguir el liderazgo del niño, unirse a lo que está haciendo y hacerlo interactivo, expandiéndolo). Generar placer lúdico compartido.
- Estimular la exploración y las elecciones del niño (poner una variedad de juguetes a su alcance).
- No olvidarse de que estamos jugando con el niño y no realizando un programa (generar situaciones significativas y motivantes de interacción). Algo distinto es aprovechar el juego para enseñar.
- Favorecer la interacción social y el placer en jugar con el terapeuta (utilizar juguetes que atraigan la atención del niño hacia la cara o las acciones del adulto y que faciliten la interacción recíproca), logrando estados emocionales placenteros y compartidos.
- Debemos disfrutar nosotros del juego, exagerar las gesticulaciones faciales y corporales, utilizar variaciones en la voz (tanto del tono como del volumen) con el fin de resultar un "compañero atractivo y fiable de juego" para el niño (¡no entretener, sino interactuar!).
- Obstruir gozosamente sus juegos autoestimulatorios, dándoles significación y transformándolos en interacciones lúdico-sociales (por ejemplo, a través de la contraimitación).
- Enseñar a usar diferentes juguetes de manera funcional y convencional, recordando siempre que debe resultar divertido y placentero para el niño.
- Diversificar paulatinamente los juguetes/temas para jugar.
- Introducir gradualmente cambios en los juegos, en forma

de problemas para solucionar, interferencias, hacerse el tonto, equivocarse, deshacer.

- Fomentar el juego con pares/hermanos, ya sea en la casa del niño o programando salidas a lugares infantiles.
- No interrumpir ni cortar situaciones lúdicas.
- Fomentar la aparición de los diferentes tipos de juego, sin saltear niveles evolutivos.
- Enseñarles a jugar solos.
- Utilizar la enseñanza explícita en determinadas situaciones (por ejemplo, juego simbólico guionado).
- Enseñarles a entender los conceptos de ganar/perder en un juego y cómo expresar estas emociones (también es necesario aumentar su tolerancia a la frustración en algunos casos).
- Dotar el juego de estructura argumental y consistencia narrativa.
- Abrir la puerta al juego simbólico, aun en niveles lúdicos rudimentarios.
- Enseñar juegos con principio y fin e implementar adaptaciones (por ejemplo, claves visuales, desglosar el juego por partes, etcétera).
- Partir de las propias producciones del niño para integrarnos de a poco en su actividad, imitarlo, tratar de compartir, de cooperar, y proponer interacciones cortas pero eficaces.
- En el *role play* usar algún elemento que identifique al personaje (un agente de algún servicio de inteligencia, por ejemplo).
- Usar material de historias sociales (Carol Gray) para armar los guiones, y tratar de que estos integren habilidades que se quieren conseguir con el niño y cuyo uso en el juego se dará a modo de ensayo cognitivo.
- Favorecer a través del juego u otras situaciones la expresión emocional y de contenidos, redirigiendo su desempeño hacia la expresión con control de sus propios impulsos.

El juego no solo es un ensayo cognitivo, sino que también permite expresar simbólicamente contenidos que no pueden verbalizarse de forma directa. Por eso es importante encontrar claves no verbales de expresión de contenidos relacionados con sus experiencias, los afectos puestos en ellas, las cosas que siente y piensa y que verbalmente no está pudiendo expresar, ayudarlo a armar su propia historia.

Jugar con el niño debe darnos satisfacción, ser un momento placentero para ambos. Tendremos que prestar mucha atención sobre cuál puede ser la actividad motivadora para el paciente, ya que puede no ser precisamente de tipo convencional. Habrá que proponer juegos convencionales y abrir círculos comunicativos.

Siempre lo más importante será considerar cualquier espacio de juego como un espacio de aprendizaje propiamente dicho.

Integración sensorial y autismo[1]

La terapia de integración sensorial está basada en la teoría desarrollada por Anna Jean Ayres (1972; 1979), que enfatiza la relación entre experiencias sensoriales y ejecución motora. Pretende evaluar los tipos de problemas de procesamiento sensorial de los niños para ofrecerles estimulación sensorial apropiada. Las técnicas utilizadas para favorecer la estimulación sensorial se individualizan sobre la base de la evaluación de la pauta de respuesta a formas específicas de estimulación sensorial (visual, auditiva, táctil, vestibular, propioceptiva, olfativa y gustativa). Según esta evaluación,

1. Para escribir este apartado, hemos consultado a la magíster Lic. María Rosa Nico, terapista ocupacional, con más de treinta años de experiencia clínica en los Estados Unidos y la Argentina e instructora de numerosos cursos en el área de terapia ocupacional pediátrica e integración sensorial.

las experiencias sensoriales terapéuticas pueden incluir masajes táctiles, balanceos, movimientos controlados, ejercicios de equilibrio, etcétera.

Para comenzar, sería importante entender que mucho de lo que hacemos automáticamente y muchas de nuestra decisiones acerca de cómo abordamos una tarea están influenciadas por el procesamiento de información sensorial del cuerpo y del medio ambiente. Esta información sensorial es interpretada e integrada dentro del sistema nervioso de forma automática e inconsciente. Si bien conocemos los sentidos del gusto, olfato, tacto, vista y audición, muchos de nosotros desconocemos otras experiencias sensoriales que nuestro sistema nervioso también recibe y analiza, tales como el sentido del movimiento, la percepción corporal y la fuerza de gravedad. La eficiente utilización de toda esta información sensorial nos permite funcionar de una manera armónica y organizada en nuestra vida diaria, y adaptarnos al continuo devenir de demandas del medio ambiente. Por ejemplo, para ajustar nuestro cuerpo al espacio de la silla sin caernos, para poder atender y focalizarnos sin ser perturbados o interferidos por los ruidos ambientales, o para responder adecuadamente a las sensaciones internas que nos informan de hambre, sed y temperatura, expresa la licenciada Nico a modo de introducción.

Para la mayoría de los niños con autismo, la vida diaria es una sucesión de eventos frustrantes e irritantes o un devenir de desafíos que no pueden alcanzar exitosamente y los sumergen en un estado de frustración e incompetencia. Así, las actividades ligadas al autocuidado, necesarias para proveerse de alimento, para estar adecuadamente vestidos, para jugar y descansar, transcurren en una constante batalla entre lo que es necesario hacer y lo que ellos pueden aceptar, sostener o soportar sin romper en llanto o hacer una rabieta porque las sensaciones que reciben les provocan dolor, estrés, o no pueden aceptarlas en una frecuencia que les permita interpretarlas y accionar. Terror antes los truenos, desasosiego y pesar durante el baño, no saber qué hacer con las urgencias de su vientre son solo algunos ejemplos del desconcierto que experimenta no solo este niño, sino todo su grupo familiar. Novedades y cambios despiertan poco entusiasmo o gran resistencia, y sus intereses en el juego están restringidos, limitados e influenciados por este deficitario procesamiento de la información sensorial.

Recientes trabajos de investigación han indicado que entre un 76 y un 85% de niños y adultos con autismo exhiben respuestas inusuales al *input* sensorial (O'Neil y Jones, 1997; Kientz y Dunn, 1997; Watling y otros, 2001) y por ellos estas problemáticas están ahora enunciadas en el DSM-V.

Para ilustrar este punto, la Lic. Nico seleccionó algunos ejemplos descriptos por los padres de estos niños acerca de su peculiar procesamiento sensorial:

- "Muestra fascinación por mirarse en el espejo y en toda superficie reflejante."
- "Juega con su sombra o la sombra de su mano cada vez que la encuentra."
- "Ciertas texturas lo atrapan y no puede dejar de tocarlas: por ejemplo, pasa su rostro por el pelo de la mamá."
- "Se tapa los oídos con las manos como si ciertos sonidos le molestaran o lo lastimaran, aunque sean de bajo volumen."
- "Muestra placer por meterse en lugares apretujados, por ejemplo, un cajón de juguetes lleno de peluches, o debajo de una mesa."
- "Se desnuda continuamente. No tolera la ropa, los zapatos ni dormir tapado."
- "Salta o gira todo el tiempo, no parece marearse."

El tratamiento de integración sensorial pone énfasis en la lectura neurológica de la conducta buscando el modo de proveer la estimulación sensorial adecuada para reducir conductas socialmente inaceptables. La integración sensorial intenta trabajar sobre la planificación motriz a través del estímulo de zonas del cerebro que estarían procesando información de forma deficiente, de manera de crear un repertorio más amplio de conductas para responder a situaciones novedosas.

PRINCIPIOS EDUCATIVOS PARA TENER EN CUENTA EN CUALQUIER TRATAMIENTO

No se puede hablar de recetas mágicas, aplicables a todos los casos, debido a que el autismo se presenta como un continuo en el que hay una gran variabilidad de grados. Por eso hay una serie de principios generales que se deben tener en cuenta en la intervención educativo-terapéutica:

- Trabajar con la persona con TEA y su familia dentro de la sociedad.
- Considerar a los padres como pilares fundamentales y ubicarlos como los organizadores más importantes de sus hijos: ¡habilitarlos!
- Las intervenciones terapéuticas para personas con TEA no deberían comenzar y terminar en un consultorio, sino extenderse a los hogares y a las escuelas donde los pacientes se desarrollan.
- Nuestras intervenciones y enseñanzas deben abarcar todos los contextos de la vida del paciente (habilidades adaptativas en la escuela, en la familia y en la comunidad, promoviendo siempre una mayor autonomía funcional de la persona).
- La atención educativa debería ser también continua y abarcar todas las etapas del ciclo vital de la persona con TEA o SA, y debe ser específica en cuanto a los objetivos de tratamiento (que se van actualizando a medida que el paciente vaya expresando o mostrando otras necesidades).

Algunos objetivos para considerar

- Estilo de vinculación.
- Nivel de comunicación.
- Estilo de aprendizaje del paciente.
- Autoestima.
- Autoconocimiento.
- Autoconciencia de sí (incluyendo fortalezas y dificultades).
- Autonomía personal.
- Habilidades sociales, comunicativas, sexuales, etcétera.
- Otras.

> *Todas las intervenciones* (independientemente del marco teórico del que hayan nacido) *deben ser flexibles y atender a la individualidad de cada paciente con trastornos del espectro autista o síndrome de Asperger*, evitando etiquetar a todos por igual y permitiéndole a cada persona *desarrollar su propia forma de ser*.

Contemplando que el diagnóstico temprano resulta crítico, la edad óptima para comenzar cualquier intervención intensiva deberá ser antes de los 3 años, ya que los mayores éxitos han sido logrados con niños que comenzaron sus tratamientos entre el año y los 3 años. Esto se debe, quizás, al hecho de que un cerebro en desarrollo a esta edad es más flexible; una intensa, constante y activa interacción tal vez influya en los circuitos neurales, corrigiéndolos antes de que correlaciones neurobiológicas del comportamiento autista se conviertan en algo relativamente permanente.

Si bien es cierto que el mejor momento para comenzar a trabajar con niños es a una edad muy temprana, las personas con autismo de cualquier edad pueden beneficiarse enormemente también con un tratamiento intensivo.

Nuestro propósito como profesionales es lograr el mejor presente posible y real para cada persona con TEA o SA y su familia, y poder acompañarlos lo máximo posible.

Habrá que recordar siempre que el futuro depende de la calidad del presente. Conviene que los padres no esperen, no se dejen engañar, validar la angustia, pero que esta no los haga presa de nada ni nadie, sino que les permita actuar, para así conocer todo lo que se ofrece a su hijo y, con una mente abierta y un corazón honesto, intentar elegir aquel programa de tratamiento que consideren mejor, aquel que más satisfaga las necesidades del hijo/a con autismo, como así también las de cada familia.

La formación de las familias es algo imprescindible, y esto, por suerte, adquiere una relevancia cada vez mayor. Por eso brindarles facilidad de acceso a las familias a una buena formación que las ayude a mejorar la calidad de vida del núcleo familiar y, sobre todo, a convertirse en ese factor fundamental de los avances del niño con TEA debería ser uno de los objetivos prioritarios para el profesional que dirija cualquier tipo de tratamiento.

"Te amo, Javiercito. Estoy seguro de que, en un futuro cercano, encontraremos el punto medio de nuestros dos mundos y aprenderemos cada quien a vivir lo mejor de cada uno", escribió Francisco Javier Garza Fernández (2004) en su *Manual avanzado para padres de niños autistas*.

Uno de los propósitos de este capítulo, además de informar, es sobre todo animar a las familias y a los profesionales a adoptar un cambio de actitud, a recuperar o aumentar fuerzas y esperanzas, ya que el conocimiento nos ayudará a comprender mejor el origen de las dificultades a las que se enfrentan las personas con alguna condición del espectro autista.

Ser un terapeuta "suficientemente bueno" no es una cuestión solo de técnica o de adquisición de contenidos. Principalmente, es un reposicionamiento de sí mismo en una situación de aprendizaje, que redundará en los modos de enseñar.

Tarea compleja, y a su vez enormemente placentera, la de los terapeutas y los padres de niños con TEA si consiguen hacer con ellos mismos lo que propician para los otros.

CAPÍTULO 11

LOS TEA EN LA ESCUELA. "NECESIDADES EDUCATIVAS ESPECIALES" DE LAS PERSONAS CON TEA

La educación debe ser una obra de arte.

RUDOLF STEINER

Los discursos pedagógicos de los últimos tiempos han desplegado una serie de argumentos a favor de la integración de los alumnos con condiciones del espectro autista o con alguna discapacidad en general, en lo que se denominan "escuelas de educación común". Incluso existen leyes y resoluciones que avalan la integración escolar, como así también la presencia de maestros integradores o acompañantes privados no docentes dentro del aula. Por lo tanto, aquellos históricos intentos escolares por igualar y homogeneizar al alumnado sucumben ante una realidad social que marca y genera diferencias que exigen respuestas.

Estas afirmaciones, ya sean provenientes de medidas gubernamentales, educativas o de profesionales independientes que, en principio, parecieran puramente democráticas, asistenciales e inclusivas, pronto comenzaron a enfrentarse con realidades diversas: colegios que disponen de vacantes hasta que los padres mencionan la palabra "integración", padres que más allá de la patología puntual que posee su hijo con discapacidad pelean por el derecho a la educación, instituciones que cierran sus puertas por miedo, ignorancia o desinformación, políticas que incluyen, otras que excluyen, resoluciones que aparecen y desaparecen, padres que terminan ocultando el diagnóstico del hijo para que le den la posibilidad de una vacante, etcétera.

Se plantea así una dificultad real que va más allá de no contar con los elementos necesarios para instrumentar proyectos de integración escolar. En algunas ocasiones, buscando igualar, intentando ofrecer a todos lo mismo, corremos el riesgo de olvidarnos de qué es lo mejor en cada caso, para cada niño, cada familia y cada escuela.

Debemos tener presente que lo que nos iguala como seres humanos no es pertenecer a la fuerza y bajo un mismo techo a una institución determinada, sino que cada persona, con su neurodiversidad a cuestas, encuentre el espacio educativo adecuado donde constituirse como sujeto, haciendo visibles sus características individuales, intereses, fortalezas y necesidades educativas especiales, para que estas sean atendidas como tales. El derecho a tener oportunidades educativas es un derecho de todos.

En este sentido, la tolerancia se presenta así como la única forma posible a través de la cual se anuncia la diversidad y la manera en que el ámbito educativo debe reaccionar frente a ella. ¿Qué es tolerar? Existen también múltiples significados para una sola palabra: soportar la diferencia; permitir, admitir que una cosa no nos gusta; respetar a una persona con sus opiniones, ideas, conductas o actitudes, aunque no coincidan con las propias, etcétera. Además, la tolerancia disfraza las dificultades objetivas de la convivencia entre individuos diferentes. Porque la diferencia no es más que diversidad, por eso es tan importante pensar la tolerancia desde la concepción del respeto en sí misma.

El concepto del respeto pareciera menos confuso, y podríamos reemplazar con él el de tolerancia a la diversidad, pero, no obstante, en los tiempos que corren es difícil encontrarlo. Siguiendo esta línea, a nuestras sociedades no les estarían faltando entonces instituciones educativas adecuadas para nuestros niños, sino instituciones y personal educativo más respetuoso. La palabra "respeto", que etimológicamente viene del latín *respectus* y que significa "acción de mirar atrás", sugiere el hecho de mirar con atención, de tomar en consideración alguna cosa. Nos invita a considerar y reconocer la dignidad de las demás personas.

La tolerancia implica soportar, pero resistiendo en una situación de quietud, mientras que, por el contrario, el respeto nos invita a la acción, a hacer cosas por el otro, buscando posibles soluciones educativas y enfrentando el conflicto que muchas veces se nos plantea al no conseguir una institución educativa para nuestros hijos o pacientes.

¿Qué es la integración escolar?

Es la posibilidad concreta de los alumnos con necesidades educativas especiales de acceder al currículo de una escuela común. La integración le permite a un chico con discapacidad participar de una experiencia de aprendizaje, de socialización, de intercambio, y que cada uno pueda, desde sus posibilidades, construir sus aprendizajes junto con otros alumnos que tienen otras posibilidades. En definitiva, es la oportunidad que se le brinda a la escuela común de jerarquizar la flexibilidad de la enseñanza permitiendo a todos los niños estudiar, aprender y trabajar juntos, según su grado de desarrollo y ritmo de aprendizaje.

La integración escolar es no solo tolerar, sino también aceptar las diferencias. Es un derecho de las personas que tienen alguna discapacidad transitoria o permanente, no es un privilegio ni solo una cuestión de "buenas intenciones". No debe ser un "favor" que les hacemos a las personas con TEA, ni tampoco una imposición a través de una ley o una resolución de algún organismo gubernamental. Debe ser una toma de posición, una postura ideológica profunda.

La integración escolar es abrir las aulas y las escuelas a lo diferente, permitiendo que se habilite así un nuevo sistema de valores, derechos y principios, y reconociendo que en la heterogeneidad se encuentra la mejor condición para el intercambio (aprendizaje).

Puntualmente, para los niños y adolescentes con TEA, la integración escolar es la creación de espacios que favorecen y posibilitan conductas de socialización, comunicación e intercambio en ambientes educativos ecológicos, naturales, con otros niños; de esta manera, se promueve un conjunto de hábitos, conductas y habilidades sociales para el niño que presenta alguna condición del espectro autista. Porque, como ya sabemos, lo que es bueno para un niño sin autismo también lo es para un niño con autismo.

Además, los proyectos de integración escolar suponen diseñar, implementar, adecuar y evaluar sistemáticamente diversas propuestas en el aula que contemplen la atención educativa de la diversidad y, a su vez, se basen en el respeto del *principio de igualdad*, por el cual se deben ofrecer las mismas oportunidades a todos, y el *principio de equidad*, que reconoce que cada persona tiene sus necesidades particulares e individuales y el derecho a que se respeten sus propias características. Por eso las políticas educativas tienen la obligación de animar a las escuelas a ser flexibles y a proporcionar experiencias educativas polimorfas (centradas en una gran variedad de formas) que permitan diversificar las tareas, de manera que todos los alumnos no tengan que realizar las mismas cosas de igual modo, al mismo tiempo y como sus compañeros. Dentro de esta concepción, se incluye la figura de un profesional de apoyo que asiste a la escuela para acompañar al alumno con necesidades educativas especiales en su proceso de aprendizaje, como así también al docente en su proceso de enseñanza y a los compañeros en su proceso de integración, inclusión y participación social.

El proceso de integración escolar abarca muchas cuestiones. Integración no es solo hacer que los alumnos con TEA se hagan presentes en las aulas a fuerza de ley, que permanezcan en una ronda de intercambio de una sala de jardín de infantes haciendo otra actividad, ni tampoco que estén ubicados en un espacio como si la sola presencia física bastara para que la integración se esté cumpliendo. Integrar a un niño con autismo a las aulas comunes implica evaluar el nivel de fortalezas y necesidades individuales de cada alumno, implica participar, hacer colaborar, enseñar, dejarnos enseñar, aprender. Si la persona con autismo no puede conseguir por sí sola estos objetivos educativos, habrá que ayudarla hasta que lo consiga. Allí desempeña un rol fundamental la presencia del maestro integrador, acompañante terapéutico o profesional no docente que asiste y ayuda al niño con TEA para que se integre, ofreciéndose de puente para favorecer interacciones del alumno con todos los niños y los actores institucionales.

En el contexto de la formación pedagógica, los profesores de educación especial, maestros integradores y otros profesionales no docentes se insertan en las instituciones educativas con el fin de fortalecer, enriquecer y complementar la labor de los profesores de educación común. Así, todos forman parte del proceso de educación, que debe estar dirigido a atender la diversidad en distintos contextos y niveles, incluyendo la integración de niñas y niños con necesidades educativas especiales transitorias y permanentes, y a generar mayores oportunidades de aprendizaje para todos los alumnos en general.

Los docentes ya no están solos y, junto con los profesionales no docentes o maestros integradores, deben aprender a formar y consolidar parejas pedagógicas dentro de las aulas con el objetivo de promover una verdadera integración e inclusión escolar.

¿Necesidades educativas especiales?

Más que de *necesidades educativas especiales*, deberíamos comenzar a hablar de necesidades educativas individuales. Así como no hay un único modo de enseñar a todos los alumnos (incluidos aquí los que tienen o no alguna discapacidad), tampoco existen necesidades educativas "especiales" solo para los niños o adolescentes con TEA, ni tampoco existen las mismas necesidades para todas las personas que presentan alguna condición del espectro autista, ya que, como sabemos, no todos tienen las mismas características, necesidades y posibilidades. Por eso no todas las escuelas ni todos los maestros deberían usar un único "método" de enseñanza, sino estrategias educativas diversas para enseñar incluso un mismo concepto o tema.

Un principio indispensable e ineludible a la hora de pensar en educación y autismo, como así también en discapacidad en general, es que "todos los alumnos algo pueden aprender siempre". Tener cuidado de no esperar demasiado poco del niño ni esperar o exigirle más de lo que puede dar es entender la naturaleza de sus dificultades.

Tal es el caso de Sebastián, de 2 años: en su primera evaluación para ingresar a un jardín de infantes, la directora y el gabinete pedagógico le transmitieron a su mamá que "estaba para una escuela especial". Su mamá nos consultó y le insistimos en que Sebas podía ser integrado en un jardín común y que había que darle esa oportunidad. Hoy en día está finalizando su escolaridad inicial. Quizás el año que viene lo espere una escolaridad especial, más acorde con sus necesidades actuales, pero nadie le quita a él ni al grupo con el que compartió todos estos años las diversas experiencias compartidas.

Otro es el caso de Nahuel, quien presentaba severos problemas de conducta y por eso fue expulsado de tres establecimientos educativos. Luego de varias consultas médicas y psicológicas, sus papás consiguieron eso que tanto habían estado buscando desde que Nahuel tenía 3 años: una respuesta para lo que le pasaba a su hijo. A los 7 años, recibieron el diagnóstico: su hijo tenía síndrome de Asperger. Luego de una intensa búsqueda, encontraron un nuevo establecimiento educativo que les abrió las puertas para comenzar con el proceso de integración escolar. "Los primeros años fueron complicados, porque Nahuel tenía muchos problemas de conducta, muchas maestras integradoras renunciaron, pero seguimos acompañándolo en su desarrollo. Logramos conformar un muy lindo equipo entre padres, profesionales y personal educativo, eso nos permitió seguir adelante, brindándole a Nahuel aquello que iba necesitando a través de los años", relata la directora del colegio.

Cuando Nahuel comenzó su adolescencia, pensamos que los problemas de conducta reaparecerían, pero el cambio de la escolaridad primaria a la secundaria dio sus frutos, pues nunca más volvió a la Dirección por no saber cómo controlar sus impulsos. Los últimos años del secundario pudo realizarlos solo, sin la compañía de maestros integradores (que habían sido absolutamente necesarios durante la mayor parte de su escolaridad). Hoy Nahuel pudo terminar su escolaridad y está pensando si tomarse un año sabático, buscar un trabajo acorde a su perfil laboral o comenzar una carrera terciaria relacionada con sus intereses.

Por eso, tanto la educación común como la especial deben ser reconceptualizadas a la luz de los procesos de integración escolar, y los estudiantes con necesidades educativas especiales ya no deberían ser concebidos como aquellos con un déficit "para corregir" sino, más bien, deben tomarse en cuenta la participación del entorno, de todo el contexto educativo, las políticas educativas y los aspectos sociales y educativos que colaboran para seguir obstaculizando su desarrollo socioeducativo y emocional.

Por lo tanto, será tarea de cada institución y de cada actor educativo comenzar a capacitarse e interiorizarse más sobre los trastornos del espectro autista y del neurodesarrollo en general, para así poder ofrecer lo mejor de sí en el ámbito de la enseñanza.

Las capacitaciones, las reuniones entre familia, escuela y equipos interdisciplinarios que atienden a los niños en los espacios de consultorios, como así también las conversaciones, las comunicaciones, los pequeños intercambios, el enriquecimiento al compartir las distintas experiencias, el respeto por los distintos ámbitos y sus expresiones forman y formarán nuevos espacios de aprendizaje, a modo de plataformas que auténticamente posibilitarán un punto de partida y un camino nuevo para poder proyectar allí prácticas de enseñanza inclusivas que habiliten espacios de aprendizaje auténticos para los alumnos con TEA.

Habrá que perder entonces el miedo a lo desconocido y hacer visibles las diferencias. No solo "tolerarlas", sino respetarlas. Será necesario también favorecer y habilitar experiencias que den la palabra a los distintos actores involucrados en la educación de cada alumno, que si interviene uno, no intervenga el otro, que si habla uno, el otro no hable por encima pensando que el conocimiento está de un solo lado, por ejemplo. Será entonces respetable aquella institución que también habilite el silencio, la no intervención, el "no sé", el pedido de ayuda, como valioso punto de partida hacia una proyecto de integración que se plantee en común entre escuela, familia y equipo de profesionales intervinientes.

La mejor garantía para optimizar el proceso educativo de los alumnos con TEA, y con necesidades educativas especiales en general, será la conquista de instituciones escolares de calidad, abiertas y permeables a todas las necesidades del alumnado en general. Solo cuando se manifiesten necesidades educativas especiales más bien graves y permanentes que obstaculicen los procesos de aprendizaje y socialización, deberá ofrecerse una escolaridad especial, la que se supone será más adecuada para el alumno/a.

Como ya sabemos, la posibilidad de concretar la idea de inclusión en el aula requiere de ciertas condiciones pedagógicas, de políticas educativas, sociales, culturales e ideológicas profundas.

El proceso de la integración afecta no solo a las escuelas, sino a toda la sociedad, ya que cada uno de sus integrantes debemos estimularlo y animarlo con el fin de hacerlo real y efectivo cada día. La escuela de hoy aún carece de medios y servicios para dar una respuesta individualizada a las necesidades específicas de todos los niños que las requieran y en el momento en que las necesiten. Por esta razón, muchas veces, los profesionales de la salud y de la educación que atienden a cada niño son los encargados de poder ir encontrando respuestas específicas e individuales para cada familia hasta lograr una correcta escolarización. Está creciendo la población con estas demandas, y una escuela inclusiva parece ser posible. He aquí el desafío.

Capítulo 12

BULLYING, AUTISMO Y SÍNDROME DE ASPERGER

El miedo es más valioso para quienes están acostumbrados a
controlar a los demás. No dejes que se apodere de ti.

FRASES PARA REFLEXIONAR SOBRE EL *BULLYING* (ANÓNIMO)[1]

Si bien hace bastante que se habla de hostigamiento entre pares (o *bullying*), ha aumentado la preocupación por los casos denunciados en los últimos tiempos dentro de muchas instituciones educativas a escala mundial.

Las últimas campañas realizadas tanto para prevenir como para intervenir sobre el *bullying* están dando que hablar. Las investigaciones que se han realizado en todo el mundo siguen buscando entender la naturaleza de esta problemática.

CONCEPTO DE *BULLYING* Y *CIBERBULLYING*

Cuando hablamos de *bullying*, nos referimos a actos de hostigamiento entre pares. El Dr. Dan Olweus (1993), creador de este término, lo define como toda conducta agresiva, negativa, repetitiva, realizada por un individuo o

1. Disponible en línea: <www.frasesbonitasweb.com>.

un grupo contra otro individuo que tiene dificultades para defenderse a sí mismo. Lo que se produce es un desequilibrio de poder.

Si bien es cierto que el *bullying* ha existido desde siempre, hoy en día es más duradero y tiene mayor violencia, sin excluir ningún tipo de nivel socioeconómico, raza, condición intelectual, religiosa ni de ninguna índole. Esta problemática se agrava aún más por los avances tecnológicos (*ciberbullying*), a través de redes sociales como Facebook, chats, blogs de todo tipo, YouTube. De esta manera, la agresión no solo se dirige al cuerpo y al psiquismo de cada niño, sino que además se puede reproducir infinidad de veces en los celulares y las computadoras de millones de personas, por lo que el niño sufre así un hostigamiento, un abuso y diversas humillaciones de todo tipo de manera interminable.

La intimidación y el abuso ocurren cuando un alumno hace, escribe o dice cosas con el fin de herir a otro. Es común que estos actos de agresión y hostigamiento se repitan, y que en cada acto de agresión la víctima se sienta cada vez con menos posibilidades de defenderse. El *bullying* o abuso escolar puede darse de diversas formas, tales como insultos, provocaciones, golpes, rechazo, exposiciones crueles frente al grupo, hacer circular rumores falsos, subir a las redes sociales determinados videos y mensajes maliciosos, poner apodos ofensivos, amenazar, hacer que el otro intimide a la víctima, etcétera.

No se considera *bullying* cuando dos estudiantes con igual fuerza o poder discuten o pelean. Aquí estaríamos hablando de agresión en su estado más puro, de violencia escolar propiamente dicha. El *bullying* sería entonces una subcategoría de la violencia escolar; pero mientras esta es ocasional y circunstancial, el *bullying* es frecuente y sistemático, es decir que un chico que es hostigado lo sufre durante días, meses e incluso a través de los años.

Estas penosas experiencias de agresión, tanto explícitas como simbólicas y de forma cibernética, son sufridas por niños, niñas, adolescentes y hasta por personas adultas.

BULLYING Y AUTISMO

Si el hostigamiento escolar es tan difícil de manejar incluso por personas a las que llamamos "normales" (o neurotípicos), ¿es posible imaginar cómo afecta el *bullying* a una persona con alguna condición del espectro autista?

Según algunas investigaciones, las personas con autismo también experimentan actos de hostigamiento, violencia y burlas debido a los desórdenes o las alteraciones que presentan en su desarrollo. Los factores que definen el autismo pueden incluir, entre otros, dificultades en la interacción social, de comunicación y comportamentales. Como ya sabemos, los alumnos con autismo a menudo tienen más problemas que sus pares sin autismo para expresarse apropiadamente en contextos sociales, lo que puede provocar burlas, risas generalizadas y, en consecuencia, que esas respuestas a las conductas del alumno con autismo generen aún mayores dificultades sociales, entre otras situaciones.

Algunas estadísticas incluyen a los niños con síndrome de Asperger dentro del grupo de niños que son acosados frecuente, crónica y sistemáticamente en los colegios. Pero dichas estadísticas parecieran indicar que las personas con autismo no sufrirían más *bullying* que los demás alumnos sin TEA; sin embargo, no están libres de padecerlo por presentar alguna condición del espectro autista. Más allá de estas investigaciones y algunos registros más bien generales, faltan aún estadísticas oficiales y una ley que aborde este fenómeno.

Ahora, ¿son igualmente víctimas de *bullying* las personas con autismo, quizá más comprometidas en algunas áreas del desarrollo, con dificultades más notorias y que requieren de la compañía de un maestro integrador, que aquellas que asisten solas al colegio y que poseen quizás un diagnóstico de síndrome de Asperger? Definitivamente, no. Lo que es más notorio, pareciera despertar mayor sensibilidad entre pares.

"Nos podemos molestar entre todos, si alguien molesta a otro quizá nadie lo defiende pero, si alguien jode a Juani, saltamos todos", relatan los compañeros de un niño con autismo integrado en sexto grado de un colegio común y que comparte la escolaridad con ellos desde jardín de infantes.

Entonces ¿por qué son más propensas a ser víctimas de *bullying* las personas con síndrome de Asperger? Una de las posibles respuestas es porque el *bullying* incluye como uno de sus componentes que se produzca en la relación víctima-agresor un marcado desequilibrio de poder, y para las personas con síndrome de Asperger este desequilibro es a menudo extremo. Debido a que los niños con este trastorno llaman muchas veces la atención y pasan más tiempo solos en los recreos o en el aula que sus compañeros, tienen un mayor riesgo de ser hostigados y rechazados.

Llamados "pequeños profesores" por el Dr. Hans Asperger por la habilidad para hablar sobre temas específicos con mucho detalle y por poseer algunos de ellos ciertas capacidades intelectuales, los niños con este síndrome malinterpretan a veces situaciones sociales, tienden a decodificar equívocamente interacciones, comunicaciones verbales y no verbales, poseen dificultades para interpretar claves sociales, son capaces de hablar de un mismo tema sin parar, o bien interrumpir la clase con actuaciones que pueden ser interpretadas por los demás como extrañas o faltas de educación. Entre las características generales de las personas con síndrome de Asperger, se agregan también altas probabilidades de que se conviertan en objeto de acoso escolar o blanco fácil para el *bullying*.

"En el colegio me tratan de loca, me dicen que soy rara. Me miran mal", relata una adolescente de 14 años con síndrome de Asperger, quien recibió su diagnóstico a los 13 y refiere haber vivido un sinfín de situaciones de *bullying* durante toda su escolaridad.

Es importante entonces que los niños y adolescentes con síndrome de Asperger sean beneficiados con programas e intervenciones psicoeducativas y sociales que incrementen su nivel de conciencia social, emocional y conductual, como así también que favorezcan el despliegue de nuevas habilidades sociales.

Pensar rápido y en equipo. El docente como estratega

Las personas con síndrome de Asperger deben aprender las reglas del comportamiento social, en otras palabras, el currículo oculto de cada colegio, de cada aula, de cada grupo, aquello que no está escrito y que no resulta fácilmente visible para ellos. Además, habrá que trabajar tanto con ellos como con el alumnado en general sobre los desencadenantes emocionales del acoso y las posibles consecuencias sociales de recibirlo.

La existencia de adultos favorecedores de este proceso de concientización, de prevención del acoso, como así también la implementación de estrategias cuando el *bullying* ya se hizo presente en un aula, es la clave para frenar el hostigamiento y para que las campañas de prevención tengan realmente el éxito que se busca.

Psicoeducar a los niños con TEA para que adquieran nuevas habilidades de resolución de problemas, como así también brindarles herramientas de autoconciencia de dificultades para pensar posibles situaciones que deban enfrentar en el futuro, quizá pueda ayudarlos a aprender cómo construir relaciones significativas y tener éxito en las relaciones sociales dentro del colegio. Algunos niños con TEA, lamentablemente, no son conscientes de que están siendo acosados (o no lo decodifican quizá por no registrarlo, o bien no expresan su malestar), pero no por eso dejará de ser necesario intervenir sobre las situaciones de hostigamiento. Al contrario, serán aquí los docentes quienes deban comenzar a visibilizar dichos conflictos, serán los adultos quienes deban ubicarse en la posición de estrategas para darle una voz al niño con autismo que puede estar siendo hostigado.

En conclusión, los estudiantes con TEA requieren apoyo y protección tanto de adultos como de compañeros. Los docentes y los actores involucrados en cada institución educativa (incluyendo a directivos, porteros, personal de maestranza, preceptores, quienes computan las llegadas tarde en la puerta de entrada, los encargados del quiosco –ya que en sus filas muchas veces ocurren situaciones de hostigamiento–, entre otros) necesitarán monitorear activamente las situaciones sociales en que pueda darse el acoso.

La habilidad para aprender de las personas con TEA y síndrome de Asperger, como así también el hecho de que estén seguras en el colegio, dependerá justamente de la manera en que estemos todos dispuestos a proporcionarles los apoyos que necesitan.

¿Cómo saber si su hijo es víctima de acoso escolar?

Existen algunos indicadores que pueden ayudarnos a detectar si un niño o adolescente está siendo víctima u objeto de *bullying*:

- Presencia de lesiones físicas, como golpes, lastimaduras de todo tipo. Muchas veces quien es víctima de hostigamiento suele justificar estas agresiones diciendo que fue una caída, un accidente, o incluso puede tender a ocultarlas.
- Cambios en el estado de ánimo y en el comportamiento en general.

- Pérdida o rotura constante de útiles escolares o pertenencias personales.
- Tendencia a mostrarse extraño, asustadizo, sin ganas de asistir al colegio, excursiones, fiestas, etcétera.
- Disminución de su rendimiento escolar, baja en sus calificaciones.
- Aparición de signos de depresión, tales como:
  - Sentimientos de impotencia: pérdida de interés, de energía vital, poca confianza en sí mismo, momentos de vacío y extravío, autodesvalorización ("no me sale").
  - Oscilaciones del humor y estados de ánimo: apatía, irritabilidad, agresión, enojo, o bien excesiva buena conducta y sumisión. Inestabilidad, facilidad para el llanto.
  - Alteraciones funcionales: trastornos del sueño (aparecen pesadillas, terrores nocturnos, sueño interrumpido, etcétera), de la alimentación; malestares corporales; desconcentración y desconexión (más de la habitual).
- Necesidad de ir acompañado a la entrada del colegio y que lo esperen a la salida, o salir de la casa con el tiempo justo.
- Síntomas psicosomáticos como consecuencia del miedo y nerviosismo de estar siendo hostigado (diarrea, vómitos, cefaleas, dolor de estómago, enuresis nocturna, tics nerviosos, etcétera), sobre todo antes de ir al colegio.

Para tener en cuenta a la hora de intervenir en *bullying*

Algunos apoyos y recursos útiles en estos casos son los siguientes:

- Enseñar a los pares sobre autismo y síndrome de Asperger.
- Organizar charlas de sensibilización para alumnos, padres, docentes y personal educativo en general, abiertas a la comunidad.

- Crear una cultura de paz en las aulas y en los colegios.
- Diseñar proyectos institucionales relacionados con el tema.
- Leer cuentos o historias alusivas.
- Favorecer un círculo de amigos.
- Educar en la tolerancia, la paciencia, la aceptación de la diversidad, la autoestima, el autoconocimiento y el respeto.

Según Rebekah Heinrichs (2003), una consultora educacional especializada en TEA y síndrome de Asperger, autora del libro *Perfect Targets: Asperger Syndrome and Bullying. Practical Solutions for Surviving the Social World*, el enfoque global sobre la atención del *bullying* en el entorno escolar debe apoyarse en la investigación y debería basarse en el modelo desarrollado por Dan Olweus. En este libro se exponen los siguientes componentes críticos que deberían contemplarse para realizar un enfoque global de la prevención del *bullying* en la escuela:

- Concientización y formación de todos los adultos implicados en el ámbito institucional.
- Realización de un cuestionario anónimo a los estudiantes (preferiblemente, también a padres, maestros y profesores) para determinar las cuestiones de acoso en el colegio.
- Supervisión proactiva efectiva en áreas identificadas de alto riesgo por adultos formados e involucrados.
- Compromiso continuo de prevención del *bullying* (no solo una única campaña), mediante la formación de un grupo de profesionales, padres y estudiantes que continuarán recopilando y distribuyendo información sobre la prevención del hostigamiento entre pares y servirán de recurso para otros.
- Comunicación de expectativas claras y reglas para todos en relación con cuáles son conductas aceptables y cuá-

les no, mediante reglas de convivencia en clase y en el colegio en general, directamente relacionadas con el *bullying*.

- Formación para todos los alumnos sobre cómo responder ante el acoso, ya sean víctimas o testigos.
- Realización de reuniones o asambleas periódicas en clase sobre *bullying* que den prioridad a la detección o a la prevención del hostigamiento entre padres.
- Compromiso de no ignorar nunca el acoso y mantener conversaciones con todos aquellos involucrados cuando ocurra alguna situación de este tipo (acosadores, acosados y espectadores).
- Inclusión de consideraciones especiales para niños con discapacidades, como así también modificaciones para adecuar sus necesidades en relación con la prevención del *bullying*.
- Tolerancia cero incluso con el *bullying* de "baja intensidad" o "leve".

Es fundamental entender que la institución escolar no debe reaccionar cuando ya fue afectada por el *bullying*, sino que la prevención del hostigamiento entre pares es lo más importante. Este hostigamiento, aunque sea común, no es aceptable. El *bullying* trae nefastas consecuencias para víctimas, victimarios y testigos, más aún si alguno de ellos presenta alguna discapacidad o alteración en su desarrollo.

El *bullying* no debe ser considerado un problema entre dos personas, sino como un todo. Por lo tanto, las intervenciones sobre *bullying* en personas con TEA o en general deben ser amplias y considerar a todos los actores escolares, involucrando a todo el colegio con sus subsistemas (administrativos, profesores, alumnos, familias, ambiente del colegio, sociedad, mundo de los adultos), e incluso a los alumnos que ofician de testigos, ya que son ellos los que le dan poder al que hostiga. Los profesionales de la salud y de la educación formamos parte de este sistema, y nuestro rol es encontrar a las víctimas y a sus agresores, sensibilizar a los testigos, aconsejar a los padres e influir en la reeducación sobre estas cuestiones.

Como es sabido, el papel de los docentes es fundamental y no debe reducirse a la mera transmisión de conocimientos. Tanto docentes como adultos involucrados en contextos escolares en general tenemos la obligación de crear un ambiente en el aula de tolerancia a la diversidad social, cultural, religiosa, como así también neurológica. Debemos inculcar compañerismo, comunicación, respeto por las ideas distintas a las propias, capacidad de trabajar en equipo logrando solidaridad en cada interacción social y, sobre todo, empatía por quienes no comprenden los códigos sociales del mismo modo que nosotros. Así promovemos una mejor convivencia escolar y social.

Capítulo 13

COMPRENDER, PREVENIR Y AFRONTAR LAS CONDUCTAS PROBLEMÁTICAS EN NIÑOS CON TRASTORNOS DEL ESPECTRO AUTISTA

Las conductas problemáticas generalmente
son adaptativas, suelen servir a una función para la persona
que las desempeña, y por eso son tan estables y frecuentes.

R. Canal Bedia, 2002

Tadeo suele tener días en los que se pone nervioso, parece que nada lo conforma, nada le gusta, como si no supiera ni él mismo lo que le pasa o está necesitando. Si bien es frecuente que haga berrinches cuando quiere algo y no sabe cómo pedirlo, cuando efectivamente lo entendemos, pero en ese momento no podemos dárselo, comienza a morderse las manos, zapatea bien fuerte y si estás cerca de él comienza a arrancarte los pelos. Probamos muchas estrategias para que deje de hacerlo, algunas veces funcionan, otras no. Este tipo de conductas nos preocupan mucho, no queremos que se lastime ni lastime a nadie (Papás de Tadeo, niño de 7 años con diagnóstico de autismo).

En este capítulo analizaremos la causa de la aparición de determinadas conductas problemáticas en las personas con condiciones del espectro autista y daremos algunas estrategias, para que tanto los profesionales de la salud y de la educación como padres y organizaciones afronten de modo consciente, ético y eficaz las necesidades de estas personas cuando presentan este tipo de conductas, ya sean de menor o mayor gravedad.

¿Por qué las personas con TEA manifiestan con frecuencia problemas de conducta? ¿Por qué a veces las conductas problemáticas aparecen de forma imprevisible? ¿Por qué dichas conductas pueden llegar a ser en ocasiones autoagresivas o heteroagresivas? ¿Cómo aprenden las personas con TEA estas conductas? ¿Por qué muchas veces se presentan cuando se les niega algo que quieren o porque se demora la entrega de algunas de las cosas que han solicitado, deseado o pedido? ¿Por qué suelen tener un repertorio de conductas difíciles de controlar para ellos y de abordar para nosotros?

Estas y otras preguntas son algunas de las que solemos hacernos frente a determinados comportamientos que muchas veces no entendemos y que nos muestran los aspectos más complicados de los trastornos del espectro autista.

Veremos a lo largo de este capítulo diversos enfoques, metodologías, técnicas y modelos de intervención ante conductas problemáticas cuando aparecen en determinados contextos, es decir, que trataremos de responder a la pregunta de qué hacer ante la aparición de conductas problemáticas. Se presentarán experiencias y orientaciones basadas en buenas prácticas profesionales y se analizarán determinados recursos disponibles actualmente que, en nuestra opinión, deberían ser difundidos y utilizados para dar una mejor respuesta cuando ocurren dichas conductas.

Para entender las alteraciones de conducta en personas con alguna condición del espectro autista, habrá que empezar a pensarlas como conductas desafiantes (o "conductas reto"), ya que presentan un desafío para todo el contexto donde dicho comportamiento se manifiesta. Sin embargo, al pensar estas alteraciones como conductas desafiantes, no estamos focalizando el problema en la persona con autismo, sino en todos los contextos donde ella despliega dichos comportamientos.

Serán todos los contextos habitados por la persona con autismo los que deberán entonces responder ante el desafío que implican este determinado tipo de conductas, entender también cuáles son las posibles causas, razones y condiciones que favorecen su aparición y que hacen que dicha conducta se mantenga en el tiempo, y qué estrategias o intervenciones debemos poner en marcha para reducir su frecuencia o impacto.

Para empezar, deberíamos preguntarnos primero a qué llamamos conducta. La conducta está relacionada a la modalidad que tiene una persona de comportarse en diversos ámbitos de su vida, y siempre cumple un objetivo para la persona que la manifiesta.

> *La conducta es la expresión de la interacción entre persona y contexto.*

Por lo tanto, no existirían conductas buenas o malas, sino ajustadas o desajustadas según el contexto o ámbito en el que se realicen. Por ejemplo, si pensáramos en una misma conducta, como saltar, correr o jugar con arena, en una plaza serían conductas adecuadas, ajustadas, pero en un aula serían parte de un repertorio de conductas desajustadas, problemáticas, ya que si se mantienen en el tiempo interfieren en el desarrollo del niño.

Figura 1
Ejemplo de conducta: "pegar"

Este ejemplo nos muestra con gran claridad la importancia del ámbito social o contextual que nos referimos cuando hablamos de conductas problemáticas de acuerdo con cada contexto en el que se lleven a cabo. Por lo tanto, el hecho de que una determinada conducta sea considerada problemática va a depender de una compleja interrelación entre lo que la persona hace, el lugar en que lo hace y cómo se interpreta o qué significado se le da a aquello que hace.

Pongamos otros ejemplos. Si un niño realiza un berrinche en el supermercado con la intención de que su padre le compre una colección de autitos, esto se vería como algo normal, mientras que si esta conducta es realizada por un adulto se considerará como inapropiada o desajustada para una persona de esa edad.

Gritar o insultar puede considerarse aceptable, y hasta deseable, durante un partido de fútbol, pero este mismo comportamiento se considerará improcedente y motivo de llamado de atención o amonestaciones dentro de un establecimiento educativo.

Que un adolescente con autismo y capacidades intelectuales disminuidas (retraso mental asociado) se masturbe en presencia de otras personas puede llegar a ser tolerado en un entorno terapéutico-familiar-institucional, mientras que no se aceptará en espacios públicos, fuera del espacio de lo privado y del entorno protegido, en los que se considera algo ofensivo.

Una conducta socialmente inapropiada es toda aquella que cumpla con alguna de estas características:

- Por su intensidad, duración o frecuencia afecta negativamente al desarrollo personal del individuo, así como a sus oportunidades de participación en la comunidad.
- Pone en riesgo al paciente o a terceros.
- Interfiere con la actividad educativa, familiar, social o psicoeducativa.

- Cronológicamente no parece adecuada.
- No corresponde al contexto en el que se manifiesta.
- No se presenta de manera aislada.
- Nos llama la atención por su frecuencia, intensidad y duración.

Como consecuencia, las conductas problemáticas pueden entorpecer y perjudicar la dinámica familiar, escolar o social de la persona que la manifiesta como la de los demás, como así también hace sufrir al niño, adolescente o adulto con autismo y a su entorno.

"Agustín es como el termómetro de la casa. Cuando él está bien, estamos todos bien. Cuando está mal, estamos todos mal", relatan los papás de un niño de 8 años con diagnóstico de TEA y presencia de conductas problemáticas repetidas.

SOBRE FORMAS Y FUNCIONES

En el ámbito de la conducta, los comportamientos (cualquiera sea su índole) se separan y distinguen entre la forma de la conducta y su función. La forma de la conducta o topografía comprende aquello que observamos de modo directo, por ejemplo, si un niño se muerde la mano, escupe o pega una patada, o si una niña tira objetos, se arranca el pelo o rompe sus juguetes.

Así como existe un espectro del autismo, también existe un espectro para la conducta:

Cuadro 1

↑ **Espectro de la conducta** ↓	Hábitos molestos. Cosas que quiero que cambien. Comportamientos realmente molestos. Conductas que causan problemas. Conductas que no puedo aguantar más. Conductas que impiden las rutinas diarias. Conductas que impiden el aprendizaje. Comportamientos que causan daño o destrucción.

Por lo tanto, que la conducta sea considerada problemática va a depender siempre de varios factores, entre ellos: intensidad, frecuencia y consecuencias para la persona que la manifiesta y para los demás; entorno donde se presenta y normas sociales que rigen dicho entorno; edad; capacidad intelectual; capacidad para proporcionar una explicación que nos satisfaga en relación con lo que está haciendo y su causa. Otros factores son: capacidad del entorno para manejar la disrupción que pudo haber generado la conducta problemática; nuestra formación, creencias y valores sobre la naturaleza de los trastornos del espectro autista y sobre las posibles causas de alteraciones conductuales asociadas.

Muchas veces, la forma de la conducta nos suele parecer suficiente para emitir juicios de valor sobre los motivos de dicho comportamiento. "Lo hace a propósito, quiere llamar mi atención"; "me pega porque quiere salir a pasear"; "llora porque quiere que venga su abuelo, porque cada vez que viene le trae chocolates"; "se pega porque le está doliendo algo y no puede transmitírnoslo", suelen ser algunos de los ejemplos que escuchamos a diario. Otras veces, expresiones lamentables como "las personas con autismo son violentas, se pegan porque no hablan" o "su autismo las frustra y como resultado se vuelven agresivas", entre otros juicios.

Es preciso extremar la cautela antes de emitir un juicio de valor o de atribuir una causa a una conducta problemática en personas con condiciones del espectro autista.

Se cuenta que un grupo de científicos estaba intentando averiguar con qué objeto se habían topado una noche poco iluminada. Uno lo describía como una serpiente, ya que su aspecto por el tacto era largo y delgado. El segundo pensaba, intentando abrazarlo: ¿se tratará de un árbol?, mientras que un tercero pensaba que estaba colgado de una gruesa cuerda balanceante. Si se hubiesen comunicado y trabajado en equipo, se habrían dado cuenta de que uno estaba en la cola, otro en una de las patas y el último agarrando la trompa de un elefante (Novell Alsina y otros, 2003).

Las alteraciones comportamentales son la expresión inespecífica de factores neurobiológicos, psicológicos y socioambientales, por lo que si consideráramos solo la forma de la conducta y una posible descripción de su causa sin fundamento alguno, no solo no podríamos explicarla, sino que nos quedaríamos sin herramientas o razones para modificarla. Además, estaríamos viendo el problema de conducta como propio de una persona, como una característica individual, cuando en verdad las conductas problemáticas o desafiantes no deben ser consideradas generalmente como específicas de los TEA, sino más bien como consecuencia directa de las dificultades adaptativas que una persona con alguna condición del espectro autista posee para determinado entorno.

Leandro, un paciente de 15 años con diagnóstico de síndrome de Asperger, supo definir muy bien este punto en una de sus sesiones de psicoterapia: "Los problemas de conducta son como un iceberg. Todos ven la parte de arriba, pero lo *grosso* es lo de abajo". Debemos preguntarnos qué pasa con la parte sumergida.

¿Por qué se despliegan las conductas problemáticas?

La función de la conducta

Quienes analizamos las conductas problemáticas (CP) en su conjunto, solemos considerarlas como el resultado de algo, como un aprendizaje desajustado o una respuesta desadaptativa al contexto donde se produce, como un estilo de interacción no deseada. En este caso, hablamos entonces de función de la conducta.

Los problemas de conducta definidos en sí como "problemas" son en realidad conductas que nosotros juzgamos como desajustadas, inapropiadas, problemáticas, pero para las personas que las realizan siguen los mismos principios de aprendizaje que la conducta llamada "adaptada" o "ajustada socialmente". Las conductas problemáticas generalmente tienen una función para el individuo que las desempeña, por lo tanto exigen un sobreesfuerzo del sistema de apoyos para atender adecuadamente las necesidades de la persona con TEA.

Algunas funciones o propósitos habituales para las conductas problemáticas suelen ser los siguientes entre otros posibles:

- Búsqueda de atención.
- Evitación de tareas o demandas.
- Obtención de algo deseado (elementos tangibles, por ejemplo).
- Búsqueda de estímulos sensoriales.
- Evitación de estímulos sensoriales.
- Evitación o conclusión de la interacción social.
- Conducta de autoadicción o compulsión.

Así, algunos ejemplos de la función de una conducta de tipo agresiva podrían ser los siguientes:

- Comportarse auto- o heteroagresivamente es reforzado positivamente por otras personas (un caso que suele ocurrir con frecuencia es la obtención de atención: el niño se pega, el adulto le brinda atención, por lo tanto la agresión o autoagresión se mantiene).
- El niño se niega a realizar una tarea o actividad que no le resulta motivadora, entonces comienza a manifestar conductas problemáticas, como tirar o romper objetos, etcétera.
- Comportarse agresivamente suele evitar ciertas consecuencias no deseadas por la persona.
- Antes, la persona conseguía cosas que ahora no obtiene tan fácilmente (por ejemplo, chocolates, pero, como comenzó una dieta, ya no puede ingerirlos), lo que conlleva a conductas problemáticas o disruptivas ante dicha frustración.

Esto significa que la forma de la conducta (topografía), eso que insistentemente queremos erradicar, hacer desaparecer, tiene una función que no resulta siempre tan obvia y que tenemos que aprender a decodificar o identificar, como así también aprender a dilucidar qué cosas hacen que se mantenga dicho comportamiento.

MANOS A LA OBRA PARA CAMBIAR TODO AQUELLO QUE NUNCA NOS GUSTÓ DE NOSOTROS MISMOS

El siguiente es un ejercicio para intentar un cambio sobre aquellos comportamientos negativos, a veces autodestructivos, que nosotros (adultos sin TEA) muchas veces desplegamos y mantenemos a lo largo de nuestras vidas.

- Escriba en una hoja las emociones y los sentimientos que generan los berrinches de su hijo o paciente.
- Del otro lado de la hoja, escriba todas aquellas actitudes o comportamientos que no le gustan de usted.
- Relea cada una de las conductas y cosas que listó en el paso número dos.
- Piense en voz alta qué siente con esas cosas que no le gustan de usted cuando las lee todas juntas.
- Por último, dé vuelta la hoja y relea el listado de emociones y sentimientos que le generan los berrinches y conductas problemáticas de su hijo o paciente.

Cualquier parecido con la realidad es mera coincidencia. Volviendo al paso número dos, ahora que usted ha logrado visualizar todos los comportamientos no deseables que realiza, ¿por qué no los cambia? He aquí una importante cuestión en relación con las conductas. Aunque a primera vista parezca sencillo completar una escala o leer las posibles funciones de una conducta, en realidad puede no serlo tanto, ya que cada conducta problemática suele variar

considerablemente para cada persona, como en cada situación o contexto, según quiénes estén involucrados y según
la etapa del desarrollo en la que se encuentre cada persona,
de la historia vital y de los sucesos particulares vividos por
cada sujeto, entre otros factores.

Entonces, una vez identificada la función de la conducta,
comenzarán a planificarse las intervenciones multimodales
de esta, que deben contemplar como uno de los objetivos
primordiales la *regulación emocional*. Esta es una tarea
inevitable en el día a día para cualquier persona. Sin embargo, mientras que para algunos es un proceso natural y
casi automático, para otros puede ser tremendamente frus-
trante y costoso.

En una persona con TEA, la regulación es el objetivo para
lograr el control emocional de sus respuestas.

PRINCIPIOS PARA UNA INTERVENCIÓN EFECTIVA

- Intervenir sobre el entorno, no sobre la persona con TEA.
- Definir claramente la conducta problemática (recordar
  que lo que es un problema para uno puede no serlo para
  otro).
- En lugar de centrarse en la eliminación o reducción de
  la conducta problemática y en las situaciones específicas
  que la provocan, tratar de modificar los contextos en los
  cuales se producen las conductas problemáticas.
- Establecer consenso a la hora de abordar la CP.
- Comprender que la conducta problemática tiene lugar
  por alguna razón, y no es el resultado de la condición del
  espectro autista de una persona.
- Darle importancia al trabajo en equipo (familia, escuela,
  profesionales, entorno social en general). Considerar a
  los padres y profesores no solamente como ayudantes,
  sino como participantes activos y personas que pueden
  colaborar con los profesionales.

- Poner de relieve los sistemas de anticipación y prevención.
- Utilizar la observación y la evaluación motivacional o funcional de la conducta no solo para conocer cuándo es más probable que tenga lugar la conducta problemática y qué sucesos pueden mantenerla, sino también para establecer una relación directa entre los resultados del análisis funcional y el programa de intervención.
- Trabajar para la psicoeducación y la enseñanza de diversas habilidades comunicativas y formas adaptativas para alcanzar aquellos fines o propósitos que la persona con autismo antes lograba mediante su comportamiento problemático.
- Tener en cuenta que las intervenciones apuntan a mejorar la calidad de vida de las personas involucradas para que no estén excluidas.
- Recordar que los programas de intervención deben ser constantes y prolongados en el tiempo, y que no se puede establecer una intervención a corto plazo para obtener tan solo resultados positivos ante la aparición de una crisis conductual.

BUENAS PRÁCTICAS EN PERSONAS CON CONDUCTAS DESAFIANTES[1]

- Las personas que presentan alteraciones conductuales siguen teniendo los mismos derechos que cualquier otro miembro de la sociedad.
- El respeto hacia las personas con alteraciones conductuales es algo que nunca se debe perder, porque es un derecho humano básico.
- Las buenas prácticas incluyen ayudar a las personas para que aprendan mejores maneras de comportarse.

1. Extraído de Novell Alsina y otros (2003).

- También reducir las consecuencias perniciosas de las alteraciones conductuales.
- El personal no debe tener como objetivo castigar a las personas que presentan alteraciones conductuales.
- Los sistemas de control físico deben ser utilizados como último recurso para proteger de posibles daños a la persona o a los demás.
- La restricción física no debe ser una estrategia rutinaria para controlar las conductas difíciles. Las buenas prácticas incluyen buscar formas alternativas para ello.
- Las buenas prácticas evitan los enfrentamientos con las personas que presentan alteraciones conductuales.
- También aseguran que haya un equilibrio entre las estrategias para reducir las conductas desafiantes y las oportunidades para aprender conductas más apropiadas.
- Tienen como objetivo promover el desarrollo personal y el bienestar emocional en personas con alteraciones conductuales.

Consejos prácticos

Cualquiera sea la estrategia que vaya a utilizarse, hay que saber tener paciencia, pues lleva tiempo apreciar alguna mejoría cuando intervenimos en conducta. Hay que ser persistentes y coherentes con cada ejemplo que se le brinda al niño, por eso todas las personas implicadas deben actuar de la misma forma. Es normal que al principio la reacción del niño sea aún más problemática, porque querrá que las cosas continúen como estaban. Hay que saber elegir un plan realista, acorde con las posibilidades de mantenerlo a lo largo del tiempo con toda la familia o los profesionales intervinientes. Es necesario tener en cuenta las actividades preferidas y los intereses de la persona para utilizarlos como recompensas o refuerzos. Habrá que poder darle un valor comunicativo-relacional a la conducta atribuyéndole un sentido, una funcionalidad sin cargas emocionales por nuestra parte.

NI RECETAS NI VARITAS MÁGICAS

¿Podemos hablar de una estrategia educativa única e infalible en el manejo de la conducta? En la educación no existen las varitas mágicas, no hay recetas estándares aplicables a cualquier persona o en cualquier circunstancia. Cada familia, cada persona, cada momento evolutivo son únicos.

Por lo tanto, si su conocimiento en relación con el análisis de conducta es escaso o limitado, no intente llevar a cabo cualquiera de las intervenciones propuestas en este capítulo. Si su hijo, alumno o paciente manifiesta este tipo de conductas, trate de consultar a un profesional competente en el área. Es muy importante también descartar ante todo cualquier problema físico con un médico.

Las estrategias de intervención que se brindan a continuación son más bien consejos generales, que se enfocan sobre todo en la prevención de las conductas problemáticas. Habrá que recordar que cada estrategia no puede ser generalizada para todos, sino que las intervenciones de conducta deben ser diseñadas específicamente para cada niño con TEA que convive con determinadas personas en un contexto específico.

- Averiguar la función comunicativa de la conducta.
- Cambiar la forma en que se realizan pedidos o demandas.
- Modificar el foco de atención. Desviar la atención del niño hacia otra cosa.
- Apoyar la comunicación verbal con lenguaje no verbal y estrategias visuales provenientes de sistemas aumentativos o alternativos de comunicación.
- Ayudar a la persona con autismo a reconocer sus emo-

ciones y estados de ánimos (a través de verbalización de la emoción o de estrategias como el termómetro de emociones, la escala de cinco puntos, etcétera).

- Mantener la persona que lo acompaña en ese momento una actitud y un lenguaje tranquilizador.
- Organizar rutinas que lo ayuden a calmarse.
- Establecer recordatorios visuales, historias sociales, con respecto a lo que se espera de esa persona en determinadas situaciones.
- Utilizar instrucciones positivas (en vez de decirle "no corras", pedirle "caminá despacio", por ejemplo).
- Mantener una actitud relajada y tranquila, pero firme.
- Proporcionar tiempo y espacio.
- Ante problemas de conducta habituales, utilizar un panel con apoyos visuales donde observe el costo de sus acciones: acciones para recompensar + reforzadores positivos/acciones prohibidas + reforzadores negativos.
- Negociar con cronogramas o apoyos visuales: "ahora…, después…".

Sin embargo, muchas de estas estrategias no serán viables cuando debemos tratar con crisis conductuales (fase de explosión de una conducta). En esos casos se aconseja lo siguiente:[2]

- Despejar el entorno.
- Proteger a la persona con TEA y a los otros.
- Dar una respuesta de baja intensidad.
- Conseguir ayuda.
- Brindar un mensaje de seguridad: lo que se intenta hacer es ayudar, no amenazar.
- Dar espacio y no bombardear con discursos ni gesticulaciones.

2. Algunas de las estrategias fueron extraídas de Escribano y otros (2002).

- No establecer nuevas demandas.
- No intervenir, en algunas circunstancias, es la mejor elección.
- Prever un procedimiento de actuación ante el manejo de crisis.

Conviene recordar que la intervención física es el último recurso que se aconseja; solo se llevará a cabo en el caso de que exista algún peligro para la persona o para terceros; así se evitará cualquier tipo de riesgo y daños importantes a la propiedad, garantizándole a la persona con TEA que está pasando por una situación de crisis la seguridad física, sin castigarla físicamente ni causarle dolor. La cantidad de fuerza física (contención física no es lo mismo que castigo físico) utilizada será la mínima necesaria, durante el menor tiempo posible.

Cuando la fase de recuperación retorne, se deben realizar las siguientes acciones:

- Introducir cierto grado de normalidad, orden y predictibilidad.
- Intentar evitar la culpabilidad y no pretender obtener promesas sobre futuras conductas.
- Reconstruir puentes en las relaciones y en los vínculos. Ofrecerles seguridad emocional.

Los procedimientos de control de una crisis no constituyen una forma de intervención.

Hay que aprender a interpretar la conducta inadecuada como una forma que los niños con TEA tienen de comunicarse y a través de la cual nosotros podemos enseñarles. Ya tenemos claro que las conductas problemáticas son socialmente inaceptables y que pueden poner en riesgo la propia vida o la de terceros. Pero ¿cómo podemos hacer para trabajar y modificar esas conductas?

Es realmente muy importante anticipar, planificar y explicarles claramente a las personas con TEA los acontecimientos y las actividades que se desarrollarán. Para eso, deberemos aprovechar todos los medios y sistemas de anticipación posibles (sobre todo visual) y no depositar todo en el lenguaje oral.

No olvidarse

Si un niño tiene algún comportamiento problemático, deberemos reaccionar con calma, dejar pasar un tiempo (para averiguar la función de esa conducta), saber corrernos (prevención, si es que esas conductas pueden lastimarnos) y entender que no somos culpables de que dicha conducta se despliegue. Festejar, celebrar o reforzar la buena conducta de un niño es tan importante como evitar recompensar las conductas problemáticas. A veces les hablamos o incluso los alzamos para tener un mayor contacto físico cuando se están portando mal, pero eso es reforzar una conducta problemática.

Ahora que conocemos un poco más acerca de los "berrinches" de nuestros hijos, ya podemos hablar de comportamientos, actos, conductas que están queriendo transmitirnos algo. "Mi hijo con sus conductas se está comunicando."

Con toda esta información, la idea *no es justificar, sino comprender la causa* y a partir de ahí empezar a construir nuevas creencias porque, si nos quedamos con las creencias negativas acerca de las conductas problemáticas, nos veremos imposibilitados de comenzar estrategias que auguren un cambio positivo.

Usualmente, cuando vemos algo "inadecuado", ¿buscamos lo bueno de eso o lo negativo? La verdad es que les prestamos mucha más atención a las cosas que nos salen mal, a las cosas negativas, antes que centrarnos en las positivas. Por lo tanto, ¡habrá que concentrarse más en lo positivo!

Cuadro 2

Creencias negativas vs pensamientos positivos
• COMUNICACIÓN POSITIVA (detectar y resaltar con comentarios agradables y halagos todas aquellas conductas adecuadas del niño). • GENERAR ESPACIOS PARA "DESESTRESARNOS". • SER SINCEROS CON LO QUE NOS PASA. • PEDIR AYUDA PARA APRENDER.

Entonces, antes de querer ayudar realmente a nuestros hijos, tenemos que deshacernos de nuestras creencias negativas, ya que bien se sabe que una persona positiva convierte sus problemas en desafíos, nunca en obstáculos.

Algunos pensamientos útiles sobre las conductas problemáticas

• Esta es una oportunidad de cambio, una clave para su aprendizaje.
• Mi hijo está intentando comunicarme algo.
• Cuando mis reacciones son calmas y mis acciones lentas, dejo de alentar/reforzar las conductas problemáticas y de esa forma ayudo a la persona con autismo.

La puesta de límites para una crianza saludable

Frases tan escuchadas como "a ese chico le faltan límites", "le faltó mano dura" o "no es nada que un par de cachetadas no puedan resolver", entre otras, deben ser erradicadas de nuestro imaginario social en relación con las conductas problemáticas (no solo de un niño con TEA, sino de los niños en general).

Algunas características para tener en cuenta con respecto a los límites son las siguientes:

- Deben ser claros.
- Tienen que ser consistentes.
- Es mejor que sean "amorosos".
- El "no" también ayuda a crecer.
- Calmadamente, debe ayudarse al niño a lidiar con ellos.

Los padres, familiares y tutores deberán concentrarse en estas cuestiones:

- El momento de inicio de los problemas de conducta.
- Los posibles motivos o causas.
- El desarrollo en el tiempo de sus conductas: si siempre ha sido así o es un cambio drástico.
- La frecuencia de esas conductas.
- La duración.
- La intensidad o fuerza.
- Su propia actitud y comportamiento frente al niño.

Y si todo falla…

Hemos dicho ya que cada niño es un mundo y cada conducta problemática es fruto de multiplicidad de factores, tanto externos e internos como contextuales.

Cuando el comportamiento se hace incontrolable, a pesar de la dedicación y del esfuerzo de los padres o tutores, hay que buscar ayuda de algún profesional de la salud infantil (psicólogo, pediatra, neurólogo, psiquiatra, entre otros). Lo peor es dejar pasar el tiempo sin actuar.

No hay niños difíciles, siempre y cuando sean provistos de los apoyos adecuados. Hay que saber que las personas que presentan alguna condición del espectro autista pueden y deben aprovechar las oportunidades de participación en entornos ordinarios y, si algún tipo de comportamiento problemático lo impide, habrá que trabajar e intervenir con el objetivo de seguir favoreciéndolos para que puedan disfrutar de una vida social plena e integrada, en la que se les garanticen todos sus derechos.

Capítulo 14

ADOLESCENTES Y ADULTOS CON TEA

Imagina que el mundo en el que vives es un terreno repleto de personas que hacen gestos incomprensibles. Miras a tu alrededor y solo ves muecas en las caras de la gente, pero no entiendes si están enojados, si quieren jugar o si quieren dejar de conversar contigo. No comprendes los chistes mientras los demás se ríen.

TEMPLE GRANDIN (2008)

La primera pregunta que podríamos plantearnos es para qué hacer un diagnóstico de autismo en un adulto joven. Valdrá la pena si nos concentramos en tratar de ayudarlo más allá de cualquier etiqueta y pronóstico. Entonces, podríamos preguntarnos por qué alguien que está feliz con su vida tal como es siente la necesidad de buscar un diagnóstico, de encontrar ese nombre al que nos referimos como solo una "etiqueta" que, en realidad, puede cambiar. Tener un diagnóstico trae muchísimas explicaciones. Una persona puede pasar de ser "rara", histriónica o peculiar a encontrar un sentido y a poder desarrollar cierta genialidad en algún aspecto de su vida.

Son las dificultades cotidianas las que impulsan la búsqueda de una explicación que traiga consuelo a ser y sentirse tan distinto. En realidad, es muy similar a lo que lleva a una madre o un padre a buscar ayuda para su hijo. Pero, volviendo a los adultos, hay que estar preparado para recibir un diagnóstico que, además de una gran sensación de alivio, trae responsabilidades. Una vez que se sabe qué es lo distinto, se puede buscar mejorar aquello que tanto interfiere en su vida. No se trata de cambiar, sino simplemente de superarse y encontrar mejores recursos para sortear obstáculos para algunos tan simples y para ellos muy complicados.

El diagnóstico también resulta importante como carácter o factor hereditario. Si bien se sabe poco al respecto, se conoce que los hijos se parecen a sus padres. Un diagnóstico no debe condicionar a nadie a la hora de formar una familia, pero al menos debe tenerse en cuenta dentro de la vigilancia del desarrollo de nuestros hijos.[1]

ADOLESCENCIA, TEA Y SÍNDROME DE ASPERGER

La adolescencia es una de las fases de la vida más complejas, una época en que la gente joven asume nuevas responsabilidades y experimenta una sensación de independencia. Los jóvenes buscan su identidad, comienzan a poner en práctica valores aprendidos en su primera infancia y a desarrollar habilidades que les permitirán convertirse en adultos atentos y responsables.

Las últimas investigaciones han demostrado que a partir de la adolescencia el riesgo de padecer alteraciones psicológicas como depresión, ansiedad u obsesiones aumenta de manera notable en las personas con síndrome de Asperger. Para ellas, la adolescencia es una época especialmente difícil, ya que en ese momento experimentan un mayor deseo de relación y necesidad de formar parte de un grupo, junto

1. Extraído de "Síndrome de Asperger. ¿Es importante un diagnóstico en la edad adulta?", *Desafiando al autismo* (2013), texto original disponible en línea: <http://desafiandoalautismo.org/aspergerenadultos>.

con una clara conciencia de las diferencias entre ellos y los otros jóvenes de su edad.

Puede decirse que uno busca un diagnóstico por uno, pero influye y ayuda a toda la familia. Creo que escuchar, por ejemplo, "Tiene síndrome de Asperger" ayuda a vivir mejor, según el mismo relato de las personas. El diagnóstico de síndrome de Asperger en adultos es muy difícil, ya que reconocer los síntomas requiere un profundo conocimiento, habilidades y experiencia, y es esencial para un tratamiento rápido y adecuado que puede generar e impactar directa y positivamente en la persona, en la familia y en su entorno.

Muchas veces, el síndrome de Asperger se detecta en la adolescencia o edad adulta, a pesar de algunos síntomas que se observan en la infancia. Algunos de esos síntomas en adultos son los siguientes:

- Contacto visual ausente o huidizo.
- Tono raro al hablar.
- Peculiar comportamiento. Mayor conciencia de diferencia y de soledad.
- Lentitud para comenzar a hablar.
- Obsesiones: se centran en un tema de interés y les cuesta abandonarlo.
- Falta de expresiones faciales, por lo que a menudo parecen groseros e irrespetuosos o prepotentes.
- Muy escasas muestras de afecto hacia los demás, por lo que suelen ser acusados de falta de empatía por sus pares.
- Deseo frustrado de pertenecer a un grupo.
- Dificultad para comprender el lenguaje corporal, no verbal.
- Problemas para entender los sentimientos y expresiones de otras personas, por lo que presentan reacciones emocionales desproporcionadas y poco ajustadas a la situación.

- Problemas relacionados con las emociones, sin control sobre la ira, la depresión y la ansiedad.
- Dificultad para el desarrollo y el establecimiento de relaciones.
- Apariencia de estar confundidos.
- Mayor tendencia a la soledad.
- Retraso en cambios emocionales.

Los adolescentes con síndrome de Asperger pueden mostrarse excesivamente sensibles a las críticas y a las burlas de sus compañeros. Aunque los cambios físicos se producen a la misma edad que en el resto, los cambios emocionales suelen mostrar cierto retraso; así, mientras que sus compañeros ya hablan de novias o de quebrantar las reglas, ellos continúan queriendo solo una amistad y muestran fuertes valores morales.

A pesar de esto, la adolescencia también trae una mayor comprensión de las distintas situaciones sociales, mayor capacidad de reflexionar sobre diferentes cuestiones y sobre uno mismo, y mayor motivación hacia el aprendizaje y la superación de las propias limitaciones. En esta nueva etapa del ciclo vital, el adolescente continúa presentando las dificultades más importantes en las áreas de relación social, comunicación, flexibilidad y coordinación motora.

En los ciclos de educación secundaria y superior, es importante tener en cuenta una serie de estrategias útiles que pueden facilitar tanto el éxito académico como su integración social en un grupo de referencia; de esta manera se disminuye el absentismo escolar, la desmotivación y el malestar que suelen expresar muchos de estos adolescentes cuando llegan a cursos superiores.

Para facilitar la adaptación a las nuevas exigencias académicas y sociales, es aconsejable tener en cuenta las siguientes orientaciones educativas centradas en el ámbito escolar (Equipo Deletrea, 2007):

- Educar a los compañeros en el respeto, la tolerancia y la comprensión del joven con SA, para favorecer su integración social.
- Enfatizar habilidades académicas sobresalientes.
- Motivarlos en actividades que refuercen su autoestima.
- Adaptar la metodología de la enseñanza: proporcionarles adaptaciones no tanto de contenido, sino de metodología (darles más tiempo para terminar sus tareas y exámenes, posibilidad de pruebas orales, brindarles una computadora con procesador de texto, potenciar la vía visual de aprendizaje, emplear preguntas cerradas en los exámenes como los test de respuestas múltiples, ofrecerles tiempo extra para pasar en limpio los escritos, etcétera).
- Asignarles algunas tareas académicas en las que se puedan incluir sus temas de interés.
- Contar con un tutor o profesor de apoyo.
- Prepararlos para la transición a la vida adulta.

El adolescente es capaz no solo de captar el estado inmediato de las cosas, sino de entender los posibles estados que estas podrían asumir. La conciencia de la discrepancia entre lo real y lo posible contribuye a convertir al adolescente en un "rebelde". Constantemente compara lo posible con lo real y descubre en lo real la multitud de las fallas latentes, lo que lo hace ser crítico y puede ser conflictivo ante los adultos. La aparición del pensamiento operativo formal (hipotético-deductivo) afecta también al adolescente en la idea que se forma de sí mismo. Comienza a dirigir sus nuevas facultades de pensamiento hacia adentro y se vuelve introspectivo, analítico y autocrítico. El concepto de sí mismo fluctuará entre una enorme sobreestimación, con deseos y fantasías de ser una persona extraordinaria y, por otra parte, de un intenso menosprecio, por lo cual duda de sus aptitudes y habilidades al compararse con otros que toma como modelos a los cuales aspira imitar.

Las tareas evolutivas de esta etapa consideradas importantes son aprender a percibir, modular y controlar la expresión de las emociones y los impulsos. En la adolescencia temprana, tiende a haber mayor labilidad emocional y descontrol de impulsos; en la adolescencia media, los sentimientos alcanzan su mayor intensidad; en la etapa posterior, el adolescente irá experimentando una mayor profundidad y duración de sus sentimientos, y también irá desarrollando la responsabilidad, lo que implica pasar de considerarse "víctima" de las circunstancias a sentir un mayor autocontrol.

La etapa de la adolescencia puede resultar un punto de quiebre o bisagra para el síndrome de Asperger. Si para los adolescentes sin este trastorno se trata de una etapa compleja, para estas personas lo es aún más, ya que estos cambios pueden dar lugar a trastornos de ansiedad y depresión. La dificultad para ser empático, para ponerse en "el lugar del otro", hace que las conductas ajenas sean imprevisibles, carentes de sentido y, en general, imposibles de comprender; por consiguiente, se dificulta esa integración al grupo de pares, tan importante en la adolescencia porque los ayuda a autoafirmarse e interactuar en un contexto más cercano a ellos. Los problemas para interpretar gestos y ademanes o para adaptar el tono de voz al mensaje que se quiere transmitir, la torpeza en el control postural o las dificultades para integrar la información en un todo coherente y significativo obstaculizan la fluidez, la reciprocidad y el dinamismo que caracteriza a las relaciones interpersonales. No son antipáticos o maleducados, sencillamente tienen una manera diferente de entender el mundo.

La intervención en habilidades sociales desde edades tempranas y la preparación para los cambios físicos y psíquicos de la adolescencia pueden ayudar a disminuir algunas de las consecuencias que esta etapa supone para las personas con síndrome de Asperger.

Adultos con TEA: el reto de la calidad de vida

El tratamiento para adultos se centra en el trabajo y el habla con terapias físicas. Tanto los niños como los adultos requieren de formación en habilidades sociales. Ellos necesitan apoyo familiar para el aprendizaje de habilidades de comportamiento. El tratamiento puede variar de persona a persona, y no solo depende de un diagnóstico oportuno y correcto, sino también de la respuesta de cada individuo y su familia.

Los adultos con síndrome de Asperger pueden aprender a suprimir los peores efectos y parecer "normales", ya que las terapias están diseñadas para que logren llevar una vida adulta productiva reduciendo los síntomas de este síndrome. Las personas con TEA y sobre todo los que presentan Asperger necesitan una estructura para funcionar. ¿Pero qué pasa con un individuo con Asperger después de su niñez? ¿Puede ser autónomo y tener una vida "normal"?

Los médicos de atención primaria y secundaria tienen conocimientos limitados sobre los TEA y sus diversas manifestaciones. Dos temas preocupan especialmente: la identificación inicial en la atención primaria y el enmascaramiento de los síntomas de los TEA por enfermedades asociadas en la atención secundaria. Debería capacitarse mejor a los profesionales sanitarios que atienden a adultos para identificar y evaluar estos trastornos. Es un desafío crear servicios integrados de salud y asistencia social para las personas con TEA de todos los grupos etarios. El acceso al tratamiento para adultos con estos trastornos también es limitado y comprende no solo la atención en salud mental, sino también el cuidado de la salud física.

La creación de grupos locales de estrategias terapéuticas para los TEA y de equipos multidisciplinarios de profesionales podría contribuir a resolver el problema de acceso al tratamiento. Las familias de los adultos con estos trastornos son las que proporcionan gran parte de los cuidados y el apoyo necesarios. Las investigaciones señalan que ellos también deben recibir apoyo ya que, de lo contrario, muchas intervenciones tendrán beneficios limitados.

Capítulo 15

AUTISMO Y FAMILIA. UNA MIRADA ESPECIAL SOBRE LOS TEA

No esperes que todo el mundo entienda tu viaje,
especialmente si nunca han tenido que recorrer tu camino.

NÉSTOR ALFARO

LOS PADRES

La familia desempeña múltiples papeles, ya que son los padres quienes les brindan amor, protección y educación a sus hijos, entre otras múltiples funciones y roles. Es en el seno familiar donde cada niño se manifiesta y desarrolla, y va forjando así su personalidad. La constitución de una familia no solo es un hecho biológico o cultural, sino que es en ella donde se aprenden diversos valores humanos, como así también a amar y comunicarse.

Muchas familias desean la llegada de un hijo (o de varios) y así comienzan ese camino de búsqueda. Cuando finalmente la pareja está esperando un bebé, sueñan con que nazca sin ninguna dificultad. Generalmente, cuando les preguntan si quieren que sea varón o mujer, la respuesta siempre es la misma: "Que sea nena o varón, pero que nazca sanito". Cuando no ocurre así, la familia sufre cierto desconcierto y aparece el estrés. Si este se define como una situación que excede nuestra capacidad de afrontar situaciones complicadas, es lógico pensar que el solo hecho de escuchar la palabra "autismo" despierte esa sensación en los padres. La angustia y el estrés que suele provocar un diagnóstico de autismo puede generar que muchos padres manifiesten o experimenten sentimientos tales como ansiedad, tensión, tristeza, celos y otras sensaciones dolorosas.

Se dice que nadie nació con un manual sobre cómo ser padre, mucho menos para ser padres de un niño o una niña con autismo. Por eso es preciso estar abiertos a un juego de destrucción-construcción de patrones que son continuos y que irán desarrollando en cada familia los principios para la resiliencia, que es la capacidad para afrontar la adversidad y lograr adaptarse positivamente ante cualquier situación que genere angustia, trauma, amenaza, estrés o mucho dolor.

La resiliencia no es algo que la familia o los padres tengan o no, sino que implica una serie de factores, conductas y estilos de pensamiento que cualquier persona puede aprender para así poder desarrollar y generalizar a toda su vida. *Resiliente es aquel que logra ser feliz con lo que la vida le da, es quien logra encontrar recursos donde no se ven, es quien logra disfrutar de las personas que incluso tienen autismo.*

Cuando la sensación de angustia inicial comienza a mermar, la familia, sobre todo los padres, tienen que poder brindarle al niño con autismo sentimientos de amor y de seguridad emocional, ya que todo niño puede desarrollarse y crecer mejor si se lo ama, acompaña, guía y estimula en el proceso. Los padres deben interesarse y preocuparse por los aprendizajes de su hijo con autismo como de sus otros hijos ya que, aunque los profesionales y la escuela instruyen, los padres son el máximo recurso para sus hijos, sin por eso tener que transformarse en terapeutas.

La importancia de una buena comunicación

Una buena comunicación es vital para la felicidad familiar. Los padres y los hijos tienen que poder contarse libre y mutuamente aquello que sienten y piensan. También necesitan juntarse para hablar de los problemas, pensar posibles soluciones y encontrar entre todos la mejor opción. Justamente, uno de los aspectos del ejercicio materno-paternal eficaz consiste en crear una atmósfera cálida, ideal para posibilitar ese tipo de comunicación. Para que este clima se genere y se mantenga en la familia, debe existir entre marido y mujer, lógicamente, una buena comunicación. Lo que suceda entre los padres no solo les afecta a ellos como pareja, sino también a sus hijos. Aunque no se diga con palabras, muchas veces el cuerpo transmite sensaciones, emociones, tonos afectivos que son absorbidos por los niños en pleno desarrollo. Por eso es necesario reeducar los modos de comunicación, ya que muchas veces cuando somos adultos repetimos modelos que vivimos de niños, algunos cargados de amor y muy eficaces, otros basados en modelos de amor negativo. Deberemos estar atentos a no reproducir, fomentar ni crear situaciones de violencia dentro del núcleo familiar.

Partiendo de la hipótesis de que "la violencia es la expresión trágica de necesidades insatisfechas", Marshall B. Rosenberg desarrolló un modelo de comunicación llamado CNV (comunicación no violenta), que nos ayuda a conectarnos con nuestras emociones y necesidades en general, nos permite estar atentos al modo en que surge la violencia en las familias y a descubrir cómo conectarse desde un lugar diferente, desde el corazón, con uno mismo y con los demás.

La comunicación no violenta enfoca nuestra atención en el enriquecimiento de la vida como nuestra motivación de comunicarnos, en lugar de vivir bajo el temor, la culpa, la censura o la vergüenza. Enfatiza el asumir la responsabilidad personal por nuestras opciones, y mejorar la calidad de nuestras relaciones como nuestra finalidad.[1]

A una pareja puede llevarle mucho tiempo aprender a comunicarse; supone práctica, esfuerzo, amor y, sobre todo, mucha confianza. Algunas parejas lo hacen muy bien, pero es posible que otras precisen de ayuda externa para desarrollar estas habilidades de comunicación y cooperación. Para eso existen terapias específicas de orientación y psicoeducación para padres; lo ideal es que sean llevadas a cabo por un profesional del mismo equipo que atiende al niño con autismo, o que el profesional escogido se mantenga constantemente comunicado con el grupo de profesionales que atiende al integrante de la familia que posee alguna condición del espectro autista.

También existen grupos de apoyo para los padres de personas con TEA. En dichos espacios son los padres los que adquieren determinadas habilidades, aprenden a responder a las necesidades de su hijo o hija con autismo y del conjunto de su familia en general. Los espacios grupales en donde coinciden con otros padres dan la oportunidad de poner en común sentimientos, emociones, preocupaciones, miedos, como así también las respuestas y soluciones adecuadas.

Por supuesto que no hay una regla básica para mejorar la comunicación para todas las familias, ya que así como existe un espectro para el autismo, cada familia es un mundo distinto y tiene un lenguaje único. Sin embargo, si el propósito es mejorar la comunicación, deberían existir y estar presentes en todas las familias el amor, la voluntad, la paciencia, la apertura, el interés y la disponibilidad, por parte

1. Para más información, consultar <www.cnvc.org>, en inglés, o <www.comunicacionnoviolenta.com>, en español.

de los padres, para que este espacio sea creado y vivido lo más intensamente posible.

Los padres definen a los TEA

Para nosotros el autismo es un mundo propio, nada fácil de entender, a mucha distancia del nuestro, que te lleva a construir puentes de comunicación entre esos dos mundos. Puentes que a veces se llenan de piedras que tenés que ir moviendo; con el correr del tiempo, te das cuenta de que esas piedras te terminaron fortaleciendo y lo seguirán haciendo. Esas piedras no son obstáculos, sino oportunidades que te activan y de repente sentís que estás cada vez más cerca de lograr un verdadero conocimiento acerca de ese mundo que al principio parecía tan inalcanzable, tan difícil de comprender (Papás de Margarita, niña de 5 años con diagnóstico de TEA).

Es duro al principio, requiere un cambio y una adaptación. Si bien fue shockeante haber recibido el diagnóstico de Lorenzo, por otro lado para nosotros también fue un alivio, se nos abrió una puerta. Y a partir de ahí no dejamos de acompañarlo en cada pequeño gran paso que fue dando. A veces se nos dificulta disfrutarlo porque continuamente pensamos en el mañana, a las familias nos da miedo el futuro, cuando nosotros dejemos de estar. Pero al rato tratamos de volver a concentrarnos en el presente para así disfrutar a Lorenzo y todo lo que día a día nos está enseñando con su personalidad y sus características individuales. Hay que seguir luchando, acompañando y no dejar que nadie les ponga un techo a nuestros hijos. Será así como iremos descubriendo los superpoderes del autismo, porque tener un hijo con autismo no te hace el mejor papá del mundo, sino que te hace grande como persona (Papás de Lorenzo, niño de 7 años con diagnóstico de TEA).

El autismo era una palabra totalmente desconocida para nosotros. Quizás habíamos visto alguna película, pero no mucho más. Recibir el diagnóstico de Teo fue como si a un día radiante de sol, de cielo azul, le hubiera caído un rayo, un rayo que como papás te parte al medio. Y entonces tenés que empezar a protegerte de ese tormentón que se te viene encima, a rearmarte; no negar más la realidad, sino salir a remar y a averiguar por tratamientos, qué cosas tenés que hacer como mamá o como papá para ofrecerle a tu hijo aquello que necesita.
Con la llegada de nuestro hijo, el autismo se nos hizo conocido, un mundo amigo. Mirar realmente a nuestro hijo, desde nuestro corazón hacia su corazón, fue lo que nos salvó y nos salva día a día. Que venga, nos abrace, nos mire, y nos dé unos besos llenos de mocos nos hace muy felices como papás.
Con el diagnóstico de nuestro hijo, desmitificamos el miedo que el autismo supuestamente generaba. Con los años, y viendo todo lo que aprendió y creció, fuimos nosotros también creciendo y aprendiendo realmente lo que era el autismo (Papás de Teo, niño de 10 años con diagnóstico de TEA).

Cuando recibimos el diagnóstico de nuestro hijo (un hermoso bebé de 8 meses), fue un impacto tremendo y, a pesar de nuestra incertidumbre, desazón y tristeza, decidimos casi tácitamente salir adelante. Por mucho tiempo nos fue difícil verlo a él, como si camináramos por caminos paralelos: Elián en su ensimismamiento, en su mundo; nosotros en el nuestro, viendo solo sus dificultades y limitaciones. Es verdad, no estamos preparados para ser padres, menos aún para ser padres de un niño que no nos devuelve la mirada, la sonrisa… y todo aquello proyectado en él. Que nos hace preguntarnos todo el tiempo, ¿se sentirá solo? ¿Le dolerá? ¿Será feliz? Pero en ese transitar, gracias a la ayuda, la contención, las terapias, los estímulos, nos encontramos y seguimos por un mismo y único camino… de amor. Y ya vemos, Elián hizo un gran esfuerzo y aceptó nuestras limitaciones (Papás de Elián, niño de 11 años con diagnóstico de epilepsia, esclerosis tuberosa y TGD asociado).

SUS HERMANOS TAMBIÉN NOS HABLAN

Yo no quiero que mi hermano o sus amigos queden por fuera de la comunidad o aislados. Quiero que se involucren y sean miembros activos de nuestra comunidad, y yo sé que puedo ayudarlo para que esto suceda (Estefanía, 20 años, hermana de Martín, 14 años, con diagnóstico de autismo).

Cada persona con autismo es un mundo y hay casos muy distintos: algunos no hablan y otros sí lo hacen y son muy inteligentes. Mi hermano no habla, por ejemplo, entonces nos comunicamos con él tratando de averiguar qué es lo que quiere. Mateo tiene 13 años, aunque a veces parece de menos, se pone a llorar y no sabés si le molesta o le duele algo. Mi hermano a mí me enseñó mucho. Nos llevamos muy bien. Estamos conectados, aunque en frecuencias distintas, pero nos entendemos bastante bien (Ana, 27 años, hermana mayor de Mateo, de 13 años, con diagnóstico de autismo).

Cuando era chico, me parecía que Ramiro, mi hermano que tiene autismo, acaparaba toda la atención de mis padres. Ahora, que ya soy más grande, entiendo más por qué mis papás estaban más con él que conmigo. Antes me daba mucha bronca y no lo entendía bien. Nunca dejé de querer a Rami, pero ahora lo quiero más. Para mí fue todo muy difícil también, sobre todo cuando era chico (Alejandro, 22 años, hermano de Ramiro, de 19 años, con diagnóstico de TEA).

Los hermanos de chicos con diagnóstico de TEA pueden tener los siguientes sentimientos:

- Celos al ver que, con frecuencia, sus padres están muy ocupados por su hermano con autismo, sin disponer de mucho tiempo para dedicárselo a él.
- Vergüenza de su hermano.
- Frustración y decepción porque su hermano no juega con él o lo acompaña como le gustaría.
- Enojo porque al hermano se le concedan ciertos derechos que él no tiene.
- Culpa y remordimiento por haber tenido alguno de los sentimientos anteriores.

No suelen ser raros estos sentimientos si escuchamos a los hermanos de personas con TEA, sobre todo cuando creyeron que sus padres los querían menos que a su hermano. Claramente, este es un sentimiento o un pensamiento que no tiene por qué coincidir con la realidad. Sin embargo, cuando hablamos de hermanos y de familia en general, profesionales y familiares, tenemos que trabajar en conjunto, con el objetivo de mejorar la calidad de la comunicación familiar ya que, si bien el estilo comunicacional en cada casa varía con el tiempo y con las etapas evolutivas de la vida de cada uno de sus integrantes, es preciso que los padres y los hijos no pierdan aquel contacto mutuo que solían tener antes del diagnóstico de su hermano.

Si bien sabemos que una buena comunicación no siempre se produce con facilidad, poder establecerla nos abre puertas y favorece las relaciones familiares. En cambio, la incapacidad de entender las necesidades de los hermanos como así también la imposibilidad de ellos de hacerse entender (quizá por no encontrar el lugar para expresarse y, en consecuencia, tampoco saber cómo habilitarlo) pueden ser demasiado frustrantes y, en ocasiones, potencialmente destructivas para el seno familiar. Por lo tanto, por más esfuerzo extra que nos requiera, tenemos que estar atentos a los hermanos y a todos los integrantes de la familia en general.

Múltiples investigaciones resumen la importancia de que los padres compartan con sus hijos información acerca del autismo, transmitiéndoles a sus otros hijos aquello que le pasa a su hermano con TEA, por qué ellos como padres le dedican tanto tiempo, explicándoles las razones por las cuales su hermano precisa de tantas terapias y, en ocasiones, de medicación, contándoles el para qué. Aunque, claro, toda esta información debe manejarse con mucho cuidado, prestando especial atención a las necesidades de información que los niños van teniendo según los ciclos evolutivos que van atravesando. Es muy importante considerar que aquello que le supimos transmitir a un hermano a los 5 años no será suficiente cuando tenga 7, 8 o 10, y tendremos que actualizar la información ya que las necesidades cambian mucho con la edad.

Conviene no centrarse solo en el diagnóstico y tratamiento de la persona con autismo, ni en los posibles problemas relacionados. En cualquier hogar donde viva un niño con alguna condición del espectro autista, puede haber también mucha alegría y la comunicación puede ser fluida. La comunicación es indispensable para procurar y mantener las buenas relaciones entre todos los integrantes de la una familia. Entender y hacerse comprender es un arte difícil pero posible, que facilita la convivencia y la armonía en todo hogar.

Como existen grupos de apoyo para padres, también los hay para hermanos. Los espacios grupales, donde los hermanos comparten distintas actividades e intercambian sus propias experiencias con pares, buscan darles a quienes concurren la posibilidad de hablar de sus emociones –como el enojo, la vergüenza, los celos– sin sentirse juzgados, como así también de su frustración y enfado por no comprender cómo otras personas rechazan a sus hermanos sin siquiera conocerlos.

Hay que saber que los demás hijos pueden también sentir orgullo de los progresos de su hermano o hermana con TEA. También será saludable que algunas veces se invite a los hermanos a participar de alguna sesión y que sus padres validen sus emociones negativas, ya que no es nada raro que los hermanos se enojen; la experiencia nos indica que muchos hermanos y hermanas de niños con autismo trabajan arduamente a diario para combatir las emociones negativas. Es necesario remarcar que el hecho de tener un hermano o una hermana con autismo puede traer tanto efectos negativos como positivos sobre los otros hijos. La familia que aborde eficazmente las cuestiones ligadas a la comunicación, los vínculos y los valores podrá asegurarse una mayor cantidad de éxitos dentro de su hogar, y así se sentirá más unida y feliz.

Recordemos que el valor de la comunicación nos ayuda a intercambiar de forma efectiva y asertiva ideas, pensamientos, sentimientos y emociones con los integrantes de nuestra familia, en un ambiente de respeto, amor y cordialidad, donde se buscará siempre el crecimiento personal de cada uno de sus miembros.

> Hermanito, sos el mejor hermano de todos los que podría haber tenido, el que, más allá de que tenga autismo y de que tenga sus problemas, me entiende. Un hermano que, aunque muchas veces no sepa qué decirme o no sepa cómo hacerlo, me escucha con el corazón, el que más me quiere en este mundo. Sin dudas, no podrías ser mejor, y ya sé que tuvimos peleas, pero por algo somos hermanos, ¿no? (Estefanía, 14 años, hermana de Bautista, de 10 años, con diagnóstico de TEA).

Vivir en familia es una de las cosas más difíciles que hacemos. Hay que saber decodificar y, en consecuencia, luego satisfacer diversas necesidades que, en ocasiones, resultan incompatibles entre los diversos miembros, y no contamos con demasiado tiempo como para hacerlo si consideramos también las responsabilidades laborales de los padres y las madres.

Hay que saber que el autismo no es el único motivo de tensiones familiares, pero si se tiene un hijo o una hija con alguna condición del espectro autista, las dificultades que se plantean en el seno familiar suelen ser otras. Sin embargo, todas las familias desean vivir en armonía, por eso este es el momento de reflexionar y decidirse a dar un nuevo rumbo hacia una mejor comunicación entre quienes rodean a la persona con autismo.

Hay que comprender que, aunque la vida de una familia en la que algún integrante tenga autismo sea muy exigente, también proporciona grandes y múltiples satisfacciones de todo tipo. No solo son los padres y los hermanos los que pueden enseñar en una familia, sino también las personas con autismo, y hay que estar dispuestos a escuchar cada lección.

CONCLUSIONES

A lo largo de este libro, hemos intentado proporcionar conocimientos sólidos acerca de los trastornos del espectro autista y el indudable beneficio de llevar a cabo una pronta consulta médica ante las primeras señales de alerta de un desarrollo atípico, para así contar con una detección precoz y un consecuente abordaje temprano.

Cuantas más posibilidades se le brinden al niño con autismo, más fácilmente podrá desarrollar sus capacidades y llegar a desenvolverse de manera más autónoma.

Las familias tendrán respuestas muy diversas ante el diagnóstico, por lo que muchas veces resulta necesario que cuenten con un apoyo especializado, acorde a las necesidades de cada grupo familiar.

Muchos padres ya han recorrido este camino. Empezaron observando que su hijo tenía comportamientos fuera de lo común. Sus juegos, su lenguaje y la forma de relacionarse con las demás personas no eran como los de los niños de su edad. Ser testigos de esta diferencia es duro, genera ansiedad, miedo y preocupación por el futuro.

El hecho de ayudar a los padres a observar las fortalezas de sus hijos, darles herramientas para que puedan jugar y vincularse con ellos, y no solamente poner el foco en las necesidades o dificultades, conducirá a una mayor conciencia y comprensión, y seguramente serán más sensibles sobre lo que implica tener alguna condición del espectro autista.

Los profesionales tenemos que convencernos de que los padres son los mejores recursos para sus hijos. Sin pretender convertirlos en terapeutas, estamos obligados a compartir con ellos nuestra "caja de herramientas", todo aquel consejo que les permita comprender mejor a sus hijos, enseñarles distintas habilidades, acompañarlos en su crecimiento, sin olvidarse, por supuesto, de jugar y disfrutarlos con el fin de garantizarles un desarrollo pleno.

Es importante recordar que las personas con TEA o síndrome de Asperger son, ante todo, personas. Tienen algunas dificultades dentro del mundo social que podrán ser abordadas con un tratamiento individualizado. Sin embargo, sabemos que muchas de estas conductas llamadas "nucleares", "típicas" del autismo, no son exclusivas de ellos.

Si bien entendemos que el síndrome de Asperger y los trastornos del espectro autista son un conocimiento en construcción, con este libro buscamos responder muchas preguntas e incluso permitirnos formular nuevas hipótesis.

No obstante, la investigación acerca de los TEA y los TGD debe seguir siendo un desafío no solo para los padres, maestros y profesionales, sino también para cada gobierno de turno con sus políticas de salud y educación.

¿Qué es cierto de todo esto?

No lo sabemos con seguridad, pero son todas preguntas que uno como profesional o como familiar de una persona con autismo necesita hacerse. Como seres humanos, buscamos sistemáticamente posibles respuestas a aquello que, en el fondo, no logramos comprender de un modo absoluto. Y ahí está ese "enigma" al cual se refirieron varios autores o incluso esa "maravilla" de la que hablan muchas familias. Ahí está. Acá está. Acá estamos.

En la búsqueda de otros caminos para alojar a las personas con condiciones del espectro autista y así mejorar sus condiciones y calidad de vida, hoy no hay vacío, sino mucho más. Solo se trata de comprender sin juzgar ni etiquetar, y de no encontrar respuestas absolutas que sirvan para todos y en todos los contextos. Cada persona es única, por más características en común que podamos llegar a encontrar. Enriquecernos a través de las diferencias es la moraleja de toda historia.

Queda mucho por hacer. Debe insistirse en la eliminación de las barreras sociales que aún existen y dificultan la integración e inclusión educativa y social de las personas con TEA. La concientización, sensibilización, información y formación sobre los trastornos del espectro autista tienen una indudable relevancia al respecto.

También sabemos que todavía tenemos muchas preguntas que queremos resolver, tan solo esperamos que hayan podido encontrar en este libro algunas de todas esas respuestas que buscaban cuando decidieron que comenzarían a leerlo, y que los haya llenado de entusiasmo, esperanza y ganas de trabajar y disfrutar con sus hijos o pacientes.

Padres y profesionales deben mantener la ilusión de avanzar y perseguir nuevas metas que beneficien al niño en sus procesos de adaptación. No es una tarea fácil, porque exige esfuerzo y mucha paciencia, pero vale la pena.

BIBLIOGRAFÍA

American Psychiatric Association (2013): *DSM-V: Diagnostic and Statistical Manual of Mental Disorders*, Arlington, VA, American Psychiatric Association.

Armstrong, Thomas (2012): *El poder de la neurodiversidad*, Barcelona, Paidós.

Asperger, Hans (1944): "Die 'Autistischen Psychopathen' im Kindesalter", *Archiv für Psychiatrie und Nervenkrankheiten*, nº 117, pp. 76-136.

Attwood, Tony (2002): *Síndrome de Asperger: una guía para padres y profesionales*, Barcelona, Paidós.

Autism Speaks (2008): *Manual de los 100 días*. Disponible en línea: <www.autismspeaks.org>.

Ayres, Anna Jean (1965): "Patterns of perceptual-motor dysfunction in children: A factor analytic study", *Perceptual and Motor Skills Journal*, nº 20, pp. 335-368.

— (1972): *Sensory Integration and Learning Disorders*, Los Ángeles, Western Pshychological Services.

— (1979): *Sensory Integration and the Child*, Los Ángeles, Western Pshychological Services.

Baron-Cohen, Simon (2002): *Understanding Other Minds*, Londres, Oxford University Press.

— (2004): *The Essential Difference*, Londres, Penguin Books.

— (2008): *The Facts: Autism and Asperger Syndrome*, Londres, Oxford University Press.

— (2009): "Autism: The Empathizing-Systemizing (E-S) theory", *Annals of the New York Academy of Sciences*, vol. 1156, The Year in Cognitive Neuroscience.

Baron-Cohen, Simon; Helen Tager-Flusberg y Donald Cohen (eds.) (1993): *Understanding Other Minds: Perspectives from Autism*, Londres, Oxford University Press.

Bettelheim, Bruno (1967): *The Empty Fortress: Infantile Autism and the Birth of the Self*, Nueva York, The Free Press.

Carr, Edward; Ricardo Canal Bedia y María Eugenia Alonso Parras (1996): *Intervención comunicativa sobre los problemas del comportamiento*, Madrid, Alianza.

Comin, Daniel (2013): "En busca del diagnóstico de Autismo Perdido", *Autismo Diario*, 20 de enero. Disponible en línea: <www.autismodiario.org>.

Courchesne, Eric; Ruth Carper y Natacha Akshoomoff (2003): "Evidence of Brain Overgrowth in the First Year of Life in Autism", *JAMA*, 290(3), pp. 337-344.

Cuadrado, Paloma y Sara Valiente (2005): *Niños con autismo y TGD: ¿cómo puedo ayudarles?*, Madrid, Síntesis.

Dawson, Geraldine y Larry Galpert (1990): "Mothers' use of imitative play for facilitating social responsiveness and toy play in young autistic children", *Development and Psychopatology*, vol. 2.

DiCicco-Bloom, Emanuel; Catherine Lord; Lonnie Zwaigenbaum; Eric Courchesne; Stephen Dager; Christoph Schmitz; Robert Schultz; Jacqueline Crawley y Larry Young (2006): "The Developmental Neurobiology of Austism Spectrum Disorder", *The Journal of Neuroscience*, 26(26), pp. 6897-6906.

Escribano, Laura; Miriam Gómez; Carmen Márquez y Javier Tamarit (2002): *Parámetros de buena práctica del profesional del autismo ante las conductas desafiantes. II. Proyecto Arcade: apoyo y respuesta ante conductas altamente desafiantes*, documento adaptado del presentado originalmente en el XI Congreso Nacional AETAPI, Santander, noviembre.

Equipo Deletrea (2007), *Un acercamiento al síndrome de Asperger: una guía teórica y práctica*, Madrid, Asociación Asperger España.

Fejerman, Natalio (comp.) (2010): *Autismo infantil y otros trastornos del desarrollo*, Buenos Aires, Paidós.

Ferrari, Pierre (2000): *El autismo infantil*, Madrid, Biblioteca Nueva.

First, Michael B. (2001): *DSM-IV-TR: Manual diagnóstico y estadístico de los trastornos mentales*, Barcelona, Masson.

Frith, Uta ([1989] 2003): *Autismo: hacia una explicación del enigma*, Madrid, Alianza.

Frith, Uta y Francesca Happé (1994): "Autism: 'Beyond theory of mind'", *Cognition*, n° 50, pp. 115-132.

García Coto, Miguel Ángel (2013): Ponencia presentada en el I Congreso Argentino sobre Síndrome de Asperger, Asociación Asperger Argentina, Buenos Aires, septiembre.

Garza Fernandez, Francisco Javier (2004): *Autismo: Manual Avanzado para Padres de niños autistas*, Bogotá, Psicom.

Gillberg, Christopher (2002): *A guide to Asperger Syndrome*, Nueva York, Cambridge University Press.

Grandin, Temple (1997): *Atravesando las puertas del autismo*, Buenos Aires, Paidós.

— (2006): *Pensar con imágenes: mi vida con el autismo*, Barcelona, Alba.

— (2008): *"The way I see it": A Personal look at Autism and Asperger's*, Arlington, TX, Future Horizons.

Greenspan, Stanley I. y Serena Wieder (2006): *El niño con necesidades especiales*, Ascona, ICDL.

Harris, Sandra L. (2003): *Hermanos de niños autistas: integración familiar*, México DF, Alfaomega-Narcea.

Heinrichs, Rebekah (2003): *Perfect Targets: Asperger Syndrome and Bullying. Practical Solutions for Surviving the Social World*, Shawnee Mission, KS, Autism Asperger Publishing Co.

Kanner, Leo (1943): "Autistic Disturbances of Affective Contact", *Nervous Child*, n° 2, pp. 217-250.

Kientz, Mary y Winnie Dunn (1997): "A comparison of the performance of children with and without autism on the Sensory Profile", *American Journal of Occupational Therapy*, nº 51, pp. 530-537.

Koegel, Robert L. y Lynn Kern Koegel (2012): *The PRT Pocket Guide*, Baltimore, Paul H. Brookes.

Laurent, Eric (2013): *La batalla del autismo*, Buenos Aires, Grama.

Luján, Araceli y Marta Santos (2005): *El niño en el entorno escolar*, Madrid, Síntesis.

Maleval, Jean-Claude (2011): *El autista y su voz*, Madrid, Gredos.

Marina, José Antonio (2011): *El cerebro infantil: la gran oportunidad*, Barcelona, Ariel.

Marshall, Rosenberg (2006): *Comunicación no violenta: Un lenguaje de vida*, Buenos Aires, Gran Aldea.

Matveikova, Irina (2011): *Inteligencia digestiva*, Madrid, La esfera de los libros.

Mesibov, Gary B.; Eric Schopler y K. Hearsey (en prensa): "Structured teaching", en Eric Schopler y Gary B. Mesibov (eds.), *Assessment and Treatment of Behavior Problems in Autism*, Nueva York, Plenum Press.

Miller, Lucy Jane y Doris Fuller (2006): *Sensational Kids*, Nueva York, Perigee Book.

Mosconi, M. W.; M. Cody-Hazlett y otros (2009): "Longitudinal study of amygdala volume and joint attention in 2-to 4-years-old children with autism", *Arch Gen Psychiatry*, nº 66, pp. 509-516.

Musselwhite, Caroline y Karen Saint Louis (1988): *Communication Programming for Persons with Severe Handicaps*, Boston, Little, Brown and Company.

Novell Alsina, Ramón; Pere Rueda Quitllet y Luis Salvador Carulla (2003): *Salud mental y alteraciones de la conducta en las personas con discapacidad intelectual. Guía práctica para técnicos y cuidadores*, Madrid, FEAPS.

O'Neill, Meena y Robert Jones (1997): "Sensory-perceptual abnormalities in autism: A case for more research?", *Journal of Autism and Developmental Disabilities*, n° 27, pp. 283-293.

Oliver, Michael (1990): *The politics of disablement*, Londres, Macmillan Education.

Olweus, Dan (1993): *Bullying at school: What we know and what we can do*, Oxford, Blackwell Publishers. [Ed. cast.: *Conductas de acoso y amenaza entre escolares*, Madrid, Morata, 1997.]

Ozonoff, Sally; Bruce F. Pennington y Sally J. Rogers (1991): "Executive function deficits in high-functioning autistic individuals: Relationship to theory about mind", *The Journal of Child Psychology and Psychiatry*.

Palmetti, Néstor (2013): *Intestinos saludables*, Buenos Aires, Kier.

Peeters, Theo (2011): "El autismo no es una enfermedad", *El tiempo*, 16 de mayo. Disponible en línea: <es.theopeeters.be>.

Polonio López, Begoña; María Cruz Castellanos Ortega e Inés Viana Moldes (2008): *Terapia ocupacional en la infancia: teoría y práctica*, Madrid, Editorial Médica Panamericana.

Prior, Margot y Wendy Hoffman (1990): "Brief report: Neuropsychological testing of autistic children through an exploration with frontal lobe test", *Journal of Autism and Developmental Disorders*, vol. 20, n° 4.

Prizant, Barry y Adriana Schuler (1987): "Facilitating communication: Theoretical foundations" y "Facilitating communication: Prelanguage approaches", en Donald J. Cohen y Anne M. Donnellan (eds.), *Handbook of Autism and Pervasive Developmental Disorders*, Nueva York, John Wiley & Sons.

Prizant, Barry; Amy Wetherby; Emily Rubin; Amy Laurent y Patrick Rydell (2006): *The SCERTS Model: A Comprehensive Educational Approach for Children with Autism Spectrum Disorders*, Baltimore, Paul H. Brookes.

Rapin, Isabelle y Roberto Tuchman (2008): "Autism: Definition, Neurobiology, Screening, Diagnosis", *Pediatric Clinics of North America*, n° 55, pp. 1129-1146.

Redcay, Elizabeth y Eric Courchesne (2005): "When Is the Brain Enlarged in Autism? A Meta-Analysis of All Brain Size Reports", *Biological Psychiatry*, 58(1), pp. 1-9.

Ritvo, Edward R. y Betty J. Freeman (1978): "Current research of the syndrome of autism", *Journal of American Academy of Childhood Psychiatry*, n° 17, pp. 565-575.

Rivière, Ángel (2002): *IDEA: inventario de espectro autista*, Buenos Aires, Fundec.

Rivière, Ángel y cols. (2001): *Autismo: enfoques actuales para padres y profesionales de la salud y la educación*, t. II, Buenos Aires, Fundec.

Rusell, James (1999): *El autismo como trastorno de la función ejecutiva*, Madrid, Editorial Médica Panamericana.

Rutter, Michael (1972): "Childhood Schizophrenia Reconsidered", *Journal of Autism and Schizophrenia*, n° 2, pp. 315-337.

Rutter, Michael y Eric Schopler (1984): *Autismo. Reevaluación de los conceptos y el tratamiento*, Madrid, Alhambra.

Schaeffer, Benson; Arlene Musil y George Kollinzas (1980): *Total Communication: A Signed Speech Program for Nonverbal Children*, Champaign, Illinois, Research Press.

Szatmari, Peter (2004): *A mind apart: understanding children with autism and Asperger*, Nueva York, Guilford Press.

Tamarit, Javier (1992): "El autismo y las alteraciones de la comunicación en la infancia y la adolescencia. Intervención educativa ante estos problemas", Temario de Oposiciones al Cuerpo de Profesores de Enseñanza Secundaria (Especialidad de Psicología y Pedagogía), Madrid, Escuela Española.

Tomlinson, Carol Ann y Jay McTighe (2007): *Integrando (Comprensión por Diseño + Enseñanza basada en la diferencia)*, Buenos Aires, Paidós.

Walsh, Pat; Elsabbagh Mayada; Patrick Bolton e Ilina Singh: "En búsqueda de marcadores biológicos para el autismo", *Nature*, n° 12, pp. 603-612. Disponible en línea: <www.desafiandoalautismo.org>.

Wassink, Thomas; Linda Brzustowicz; Christopher Bartlett y Peter Szatmari (2004): "The search for autism disease genes", *Mental Retardation and Developmental Disabilities Research Reviews*, 10(4), pp. 272-283.

Watling, Renee; Jean Deitz y Owen White (2001): "Comparison of Sensory Profile scores of young children with and without autism spectrum disorders", *American Journal of Occupational Therapy*, 55(4), pp. 416-423.

Wetherby, Amy y Barry Prizant (2002): *CSBS DP manual: communication and symbolic behavior scales*, Baltimore, Paul H. Brookes. Disponible en línea: <www.firstwords.fsu.edu>.